転職・再就職 1年目の働き方

保野成敏 監修
カデナクリエイト 著

マイナビ

※本書は、弊社刊の俣野成敏 監修・カデナクリエイト 著『図解&事例で学ぶ 入社1年目の教科書』（2016年4月）をもとに、転職者・再就職者向けに最新の状況を踏まえたうえで、大幅に加筆・修正したものです。

はじめに

――社会が大きく変わる中で、私たちはどうすればいいのか?

今、ビジネス界では「100年に1度」とも言われる変革が起きています。

これまで、人材市場では長らく売り手市場が続いてきました。つい最近まで「少子高齢化で働き手がいなくなる」というので、どの会社も、人手を確保しようと躍起になったものです。

ところが、それが今や買い手市場へと急変しました。新型コロナウイルス感染症の蔓延を防ごうと、人の移動や集まりを制限したことで、需要に急ブレーキがかかったのです。例えば旅行、ホテル、飲食、エンタメ業界等々が大きなダメージを受け、倒産や廃業するところが続出する事態となっています。もちろん今後、回復してくるでしょうが、サービスの形態が、今までとは違ったものになるのは間違いありません。

世の中では、すでに自動運転やAIの導入が進んでいました。これを機に、サービスが自動化、無人化へと切り替わる流れは、ますます加速していくでしょう。

たとえ経済が回復したとしても、人材市場がかつてのような超売り手市場に戻ることはおそらくありません。新型コロナウイルス自体は一過性のものであっても、大きく変わったマーケットの中で、企業は生き残りを賭けて、大きな変化を遂げざるを得ないからです。

企業で働いている人にとって、今後は望まない転職や再就職も増えていくでしょう。転職とは、在職中に次の就職先が決まっている状態で退職する、つまり空白期間なく次の職場で働くことで、再就職とは、一度退職をして次の就職先を探す、つまり働くまでに空白期間ができることです。

業界全体がダメージを受けている場合は、他業界への転職や再就職を、余儀なくされるかもしれません。

社会と企業がこれだけの変化を迫られている中で、私たちは一個人として、どのようにして自身のキャリアを立て直せばいいのでしょうか？

——もう新しい職場・部署へ行っても怖くない！

本書は、新卒・中途を問わず、また望むと望まざるとにかかわらず、新しい職場で働くことになった方に向けて執筆しています。

本書でお話しする内容は、

1．新しい場所で働くことの不安感を払拭する

2．新天地でいち早く活路を見出す方法をお伝えする

この2点です。

ポイントは、自分にとって有利な点と不利な点を見極めた上で、有利な点を最大限に活かすことです。

まず、不利な点から考えてみると、「買い手市場になってきたため、企業の立場が強くなった」ことが挙げられます。採用競争が激化しているので、もしかしたら、やむなくその会社に入社した人や、自分の希望年収で契約できなかった人もいるでしょう。

たとえ希望の年収で契約できなかったとしても、ガッカリすることはありません。その年収は、あくまでも1年目の数字です。あなたがこの本に書かれていることを実践し、新しい会社で活躍できるようになれば、後でいくらでも挽回できます。

「本当は違う会社に入りたかった」という人も、ここは気持ちを切り替えてください。「好きな会社に入れれば、楽しい仕事人生だったのか？」というと、そうとも限りません。

もともと、世の中には完璧な会社など存在しません。たとえ希望の会社に入れたとして

も、その会社にだって必ず欠点はあったはずです。

それよりも、「このコロナ禍において、人を募集できるだけの力がある会社に入れた」ということのほうに、目を向けてください。

これが、この時期に転職・再就職した方にとって、有利な点の一つです。

現在のように、先の見えない状況の中で、多くの会社は設備投資を控えたり、人材採用を見送ったりしています。このような時期に、人を採用するというのは、１００年に一度のショック事にも耐えている会社であり、この苦境の時期に人を募集する成長意欲のある会社だと言えるからです。


もし、やむなく異業種に入った方がいたのであれば、それも有利な点になり得ます。会社側は、異業種の人間と知りつつ、あなたを採用したわけですから、異業種出身者としての活躍への期待は織り込み済みということです。

今、会社にとっては、良い人材を獲得するまたとない機会です。このような時期に、あえて異業種の人間を採用したのは、それを補って余りある可能性を、あなたの中に見出したからです。

だとしたら、このチャンスを活かさない手はありません。

まずは〝身内になる〟ことを意識しよう

転職・再就職した人にとって有利な点の二つ目は、「ものごとを俯瞰できる」ことです。人は組織の内部にいると、どうしてもミクロ的な目線でものごとを見がちになります。しかし、そこから離れて距離を置いてみると、「実は意外に小さなことで悩んでいたな」ということが、往々にしてあります。

新しい場所に行けば、社会人何年目であろうと、自分が一番の新人です。つまり、あなたがもっとも新鮮な目でその職場を見ることができます。「他の人には見えていないことが、自分には見える」という点が、チャンスなのです。

ただし、ここで注意していただきたいのが〝手柄を焦る〟こと。「早く結果を出さなければ」という気持ちはわかりますが、最初から出しゃばるのは禁物です。

会社側も、即戦力として中途を採用しているとはいえ、すぐに結果を出せないことは承知しています。会社が一番心配しているのは、「この人がこの会社でやっていけるのかどうか？」ということ。要は、溶け込めるかどうかです。

本来、会社が最大の力を発揮するのは、チームプレーにおいてです。1人の人がどんなに頑張っても、おそらく2人分の力も出せないでしょう。けれど2人、3人と集まって力を合わせることで、2倍以上、3倍以上のパワーが生まれます。

会社は何よりも、共に戦ってくれる身内を求めているのだということを、どうか忘れないでください。

「歴史が違えば、やり方が違うのは当たり前」くらいに考えて、まずは上司や同僚のやり方を徹底的に踏襲しましょう。彼らが「この人は身内だ」と認めてくれた段階になって、初めて改善点を提案しても遅くはありません。

――どのような時代でも、ビジネスの基本は変わらない

一つ言えるのは、「いつの時代も、基本的なビジネスの常識やノウハウは変わらない」ということです。すでに身につけているもの、これから身につけることのすべてが、あなたの財産となります。

これらに少しばかりの戦略を加えるだけで、どこでも上手くやっていくことができるでしょう。

それをお伝えすることが、本書の目的です。では早速、始めましょう。

監修・俣野成敏

転職・再就職　1年目の働き方　目次

はじめに 3

第1章

第3章 入社3カ月「確実に実績を生む」ためにすべきこと …… 61

第4章

第5章 入社1年目にはクリアしたいコミュニケーション力 …… 95

第7章 改めて押さえておきたい「ビジネススキル」 …… 135

第1章

入社前から入社1週間でおこなうべきこと

1-01 最初の目標は居場所の確保

ポイントは
職場に溶け込むこと

思わず話したくなる人になる

転職・再就職が決まったら少しでも早く仕事を覚えなければ、と必死になるかもしれませんが、すこし待ってください。真っ先にやるべき仕事があります。それは**「居場所の確保」**です。「いってらっしゃい」「うまくいってよかったね」「がんばって！」といったやり取りができる場です。会社がそんな場になれば、リラックスできるし、落ち着いて仕事にも取り組めます。困っていれば誰かが手を貸してくれるし、落ち込んでいれば相談にのってくれるでしょう。このように、居場所ができれば仕事がやりやすくなり、成功率もあがります。毎日出勤することが楽しくなります。それに対して、居場所をつくる努力を怠ると、いつまで経ってもお客様扱い。仲間がいなければ成功率は低くなり、次第に会社に居づらくなってきます。

居場所をつくる第一歩は異物にならないこと。自分たちの存在を脅かすと思われたら拒絶反応を示されかねません。害を与えることなく、まずはしっかり観察していきましょう。

居場所をつくるメリット

居場所をつくろうとする人

ランチ行かない?
休日の過ごし方は?
ぜひ!
フットサルを
しています

メリット

- 仕事の実績が出る
- リラックスできる
- 仕事に協力してくれる
- 困ったときは助けてくれる

↓

結果、
実績があげやすくなる!

居場所をつくろうとしない人

ランチ行かない?
けっこうです(みんなに
付き合う時間はない。
仕事仕事)

デメリット

- どこにいても安らげない
- 何をしているのか理解されない
- 仕事に協力してもらえない

↓

結果、
実績があげにくくなる!

居場所をつくれば、仕事がやりやすくなる。コロナ禍で出社日数が減っている会社も多いので、なおさらランチや雑談で、職場に溶け込む努力をしよう

1-02

会社員こそプロフェッショナルを目指す

どこでも生きていけるスキルと意欲を育てる

仕事は自分の価値を高める

転職・再就職1年目を迎えたあなたに、改めて意識し直してほしいことがあります。それは「**プロフェッショナルを目指す**」ということです。

かつてのように、会社があなたを一生保証してくれるような時代ではなくなりました。とくにコロナ禍を経て業種を問わず、いつ会社が傾き、いつリストラが始まるかわからない今の時代。会社や業界そのものが無くなる可能性すらあります。しかし「プロ」として仕事をしてきた人は、そんなときでも生き残る可能性がうんと上がります。プロと呼べるような一芸に秀でた能力があれば、会社はあなたをリストラ対象にはしないでしょう。会社がなくなっても、他社が放っておきません。もちろん独立起業の道もあるでしょう。**会社員としてキラリと輝ける人材になれば、業界や周囲に知られる存在になれます。**それは人材として市場価値を高め、あなたの生存確率を高めることになるのです。ただの会社員ではなく、コレを機にプロフェッショナル会社員を目指しましょう。

自分の選択肢を
広げるような社会人に!

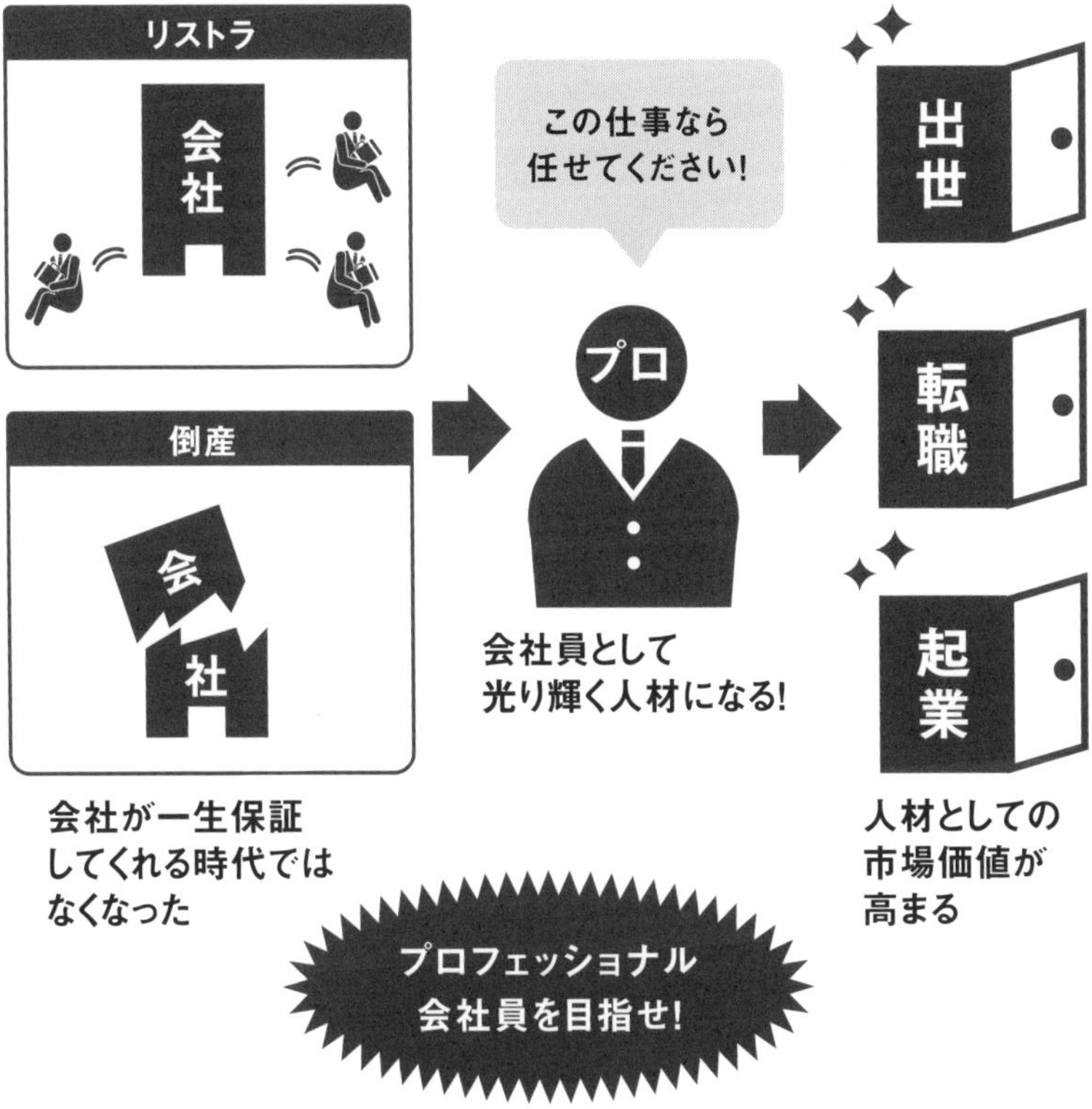
リストラ
会社
倒産
会
社
会社が一生保証
してくれる時代では
なくなった
この仕事なら
任せてください!
プロ
会社員として
光り輝く人材になる!
出世
転職
起業
人材としての
市場価値が
高まる
プロフェッショナル
会社員を目指せ!

会社がいつリストラするか、会社自体がいつなくなるかもわからないような時代。会社員が目指すべきは、誰からも求められる「プロフェッショナル」な人材だ。次のドアが必ず開く!

1-03 新しい職場の始まりは あいさつから

全員にではなく、一人ひとりに声をかける

大切なのは、こちらから声をかけること

武道の世界ではよく「礼に始まり礼に終わる」ということが言われますが、それはビジネスの世界も同じ。あいさつは非常に重要です。そこで、社内のあいさつの基本を復習しておきましょう。

朝、出社したら、明るく大きな声で「おはようございます！」とあいさつをしましょう。出社したら、自分の部署の人全体にいっぺんにあいさつするのではなく、同じ課にいる上司や先輩一人ずつにあいさつすると印象が良くなります。**通勤途中に上司や先輩を見かけたときにも、こちらから声をかけることが大切**です。また「廊下などを歩いていたら向こうから上司や先輩が来た」というときは、歩きながらではなく、足を止めてあいさつをしましょう。一方、会社を出るときには「お先に失礼いたします」というのが基本。他の人が自分より先に帰るときには「おつかれさまでした」と言いましょう。「ごくろうさまでした」は目上の人が目下の人に対して使う言葉なので、使わないようにしましょう。

やってはいけない、こんなあいさつ

モゴモゴ言う
おはようございます……
相手の目を見ない
おはようございます
目上の人に「ごくろうさま」と言う
ごくろうさまでした!
上司が立ってあいさつしているのに、座ったまま
あ、おはようございま〜す
おはよう!

ビジネスの世界は「礼に始まり礼に終わる」

どれもやってしまいがちなので、ご注意を。
とくに仕事で忙しいときは気をつけよう!

1-04

「即戦力」というコトバの誤解

片目をつぶっていても目の前の仕事ができる状態にする

一足飛びに戦力になれると思わない

「転職者に会社が求めるのは即戦力であることだ」。こんな言葉を耳にして、「早く戦力にならねば！」と焦りを抱いている人もいるかもしれません。その心意気はすばらしいことです。しかし「戦力」と呼べるような存在には一足飛びにはなれないことも自覚しておきたいものです。

例えばサッカーの世界で「戦力」と言えばレギュラー入り。毎回コンスタントにポジションを任されて試合に出る人です。会社に戻すと、転職1年目の数日程度で、すぐさまそんなことができる人は稀《まれ》です。商品やサービスのこと、組織の仕組みすら見えていない人のほうが多いはずです。最初のうちは「**戦力になるために目の前の仕事に打ち込む**」ことです。思うような仕事が与えられなくても、悲観することはありません。頼まれごとは試されごと。即戦力とは、試されごとを自分のものにする力です。面白味のない仕事だと思っても、嫌な顔ひとつせずに受けて立つあなたを会社は放っておきません。

目の前の仕事を積み重ねて「戦力」となる

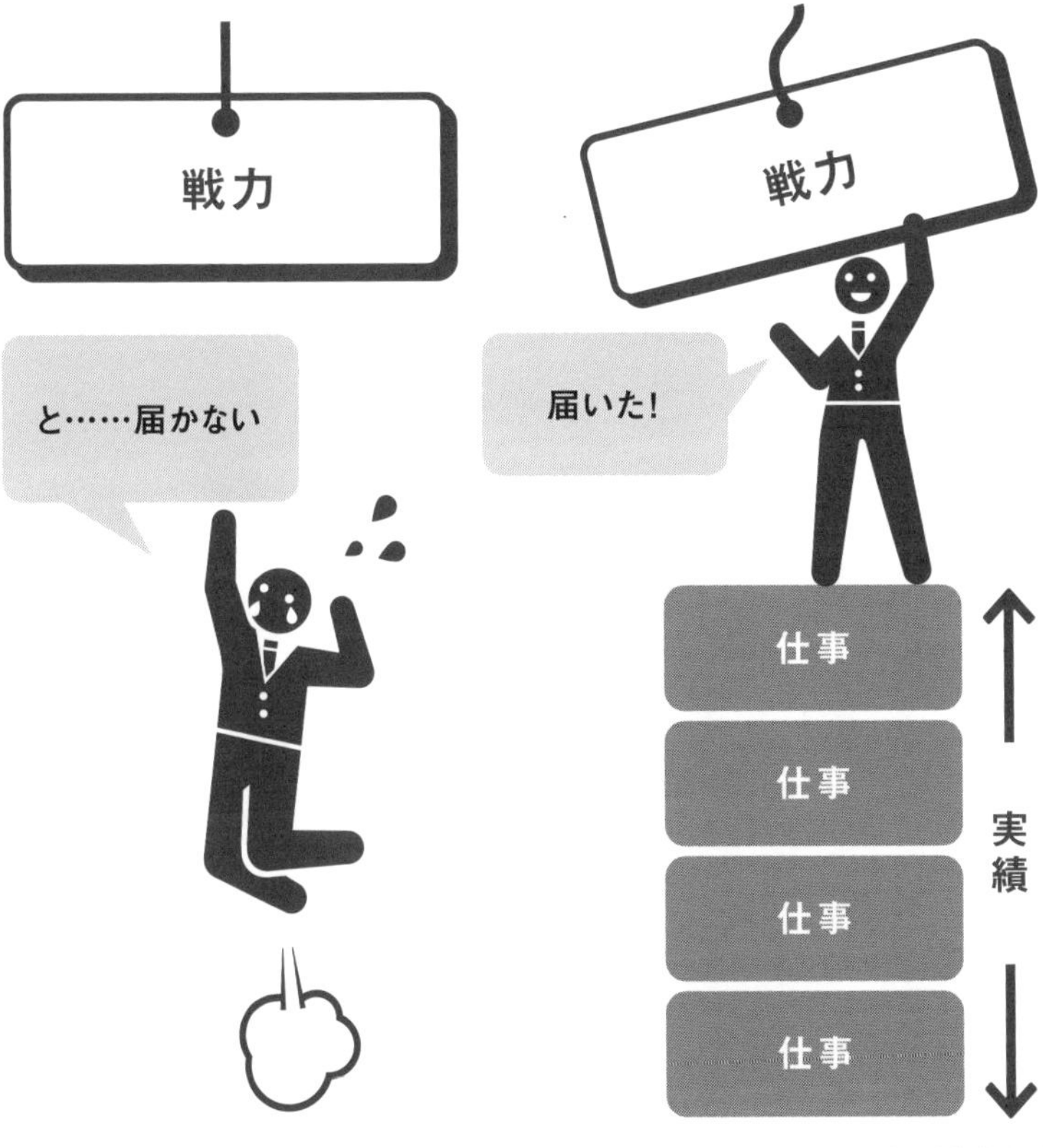

会社の「戦力」と呼ばれる存在になるには、周囲の信頼を得られるような仕事を重ね「実績」をつくるしかない。焦って即戦力を目指すより、目の前の仕事に打ち込むのが先!

1-05 自己紹介で差をつける

自分のキャッチフレーズをつくる

何のための自己紹介か意識する

職場が変わればつきものなのが、自己紹介。所属部署、関連部署、歓送迎会をはじめ、1日に何回もすることとすらあり得ます。上手な自己紹介で、みんなにいい印象を持ってもらうためには、どんな自己紹介をすればよいでしょうか。

まず大切なのは何のための自己紹介かを意識すること。**自己紹介の目的は、新しい職場で「自分に頼って欲しいこと」と「周囲に助けて欲しいこと」を明らかにすること**です。ここを押さえておけば自己紹介としては合格です。「もう少し話すネタが欲しい」という場合は、名前の由来、趣味、出身地などをからめた自分のキャッチフレーズをつくっておくと便利です。短いバージョン、長いバージョンを用意しておけば、突然の自己紹介でもあわてず済みます。順番は、あいさつ（はじめましてなど）↓名乗り（自分の名前など）↓挨拶（よろしくお願いしますなど）↓これからの意気込み、が基本です。短くまとめることもポイント。内容の良し悪しに関わらず長々と話せば印象は悪くなります。

自己紹介の基本

自己紹介の流れ

あいさつ
「はじめまして」など

↓

名乗り
「●●●●と申します
（自分の名前）」

↓

あいさつ
「よろしくお願いいたします」など

↓

これからの意気込み
「みなさんのお役にたてるよう
がんばりたい」など

自己紹介の鉄則は「短く」

短いあいさつの場合

よろしくお願いいたします。
以上です！
いい人そうだね

長いあいさつの場合

といいますのも……。
そういえば……。
ところで……
いつまでしゃべるん
だろう……

ネガティブな話とポジティブな話を入れたい場合は、ネガティブな話を先に言い、ポジティブな話で終わらせたい。ネガティブな話で終わらせると、ネガティブな人という印象だけが残るからだ

1-06 最初は「役職」で呼ぶのが原則

クラシカルな呼び方は間違いなし

呼び方を変えるのは慣れてから

新しい職場で悩むことの一つは上司に対する呼び方でしょう。一昔前は「●●課長」「課長」など役職で呼ぶことが一般的でしたが、現在は「さん付け」で呼ぶ会社も増えているからです。後輩も「さん」で呼ぶ企業が増え、呼び捨てはめっきり減りました。

どちらかわからず、**迷っているなら、まずは役職で呼びましょう。**さん付けの会社で、入社したての転職者が「課長」「田中部長」「原田常務」などと「役職」で呼んでも保守的だなと思われるだけですが、役職で呼び合う会社で「田中さん」「原田さん」などとさん付けで呼べば、失礼な人だと思われてしまうからです。ちなみに、さん付けには「フラットな組織をよしとする風潮」や「いつ役職が入れ替わるかわからないから」といった実力主義的な背景があります。それに対して役職で呼び合う会社は、常に自分の役職を意識するので、役職に見合った責任ある振る舞いをするようになります。さん付け、役職、どちらの呼び合いにも、それぞれメリットがあります。

最初はクラシカルな肩書で呼びかける

常務。田中常務
常務と呼ぶなんて、新人の方だな

さん付けのフランクな会社

役職で呼んでいるからとひんしゅくを買うことはない。大抵は、誰かが「うちはさん付けでOK」と教えてくれるので、それからさん付けに直せばいい

田中さん。よろしいですか?
常務のこと田中さんだって。失礼だよね

役職で呼ぶ古い体質の会社

役職で呼ぶことには、一般社員との立場の違いを明確にするという考え方がある。そんな組織で、いきなり「さん付け」で呼べば、非常識な人とひんしゅくを買う。まずは無難な役職名で呼んでおこう

1-07
「イバラの道」は歩まない

まず走るべきは「王道」で

──とがっているからデキる人、ではない

「変化の激しい時代に、これまでの〝常識〟に従っていたら、勝ち残れない！」「下積みなんてくそくらえ！　先輩なんて無視して、とにかく成果を出すのが正義！」巷のとがったビジネス書や若手起業家のインタビューなどには、こうした威勢のいいことばが並んでいます。あなたも、これに触発され「新しい職場ではとがっていくぞ！」と前のめりに出社しようと考えているかもしれません。

しかし、それはイバラの道です。前出のような威勢のいい方々は、「とがったことをしているから成果が出る」のではなく「成果を出しているからとがった言動も許容されている」。因果関係が逆なのです。**ずば抜けた成果を出す前から傍若無人に振る舞うようでは、煙たがれることはあっても、助けてもらえることはないでしょう。**よほど腕に自信がある人以外は、歩きやすい「王道」を選びましょう。言われた仕事を粛々とこなしながら、まずは転職先のノウハウやコーポレートカルチャーを身につけることからスタートです。

とがった働き方が、リスキーである理由

常識にとらわれない発想や斬新な働き方は、今のような時代、とても大切。ただし、転職直後で何も成果を出していないところから「オレ流」をつらぬくと、周囲の同僚からはひかれるだけ。自分が働きづらくなるだけだ

目立つことはなくても、まずは先輩や上司からの指示を実直に聞いて、仕事に慣れていく。そのなかで、転職先ならではの「ノウハウ」「コーポレートカルチャー」などを身につけていく。そんな王道から始めよう

1-08 能ある鷹は爪を隠す

上司から教わった方法は完コピしよう

古くから伝わる「守破離」の教え

上司や先輩から仕事のやり方を教わったときに、いきなり自己流のアレンジを加える人がいます。とくにある程度のノウハウをもっている中途社員はそうでしょう。「より良い方法で実績を出そう」という姿勢は悪くありませんが、入社して間もない頃は教えられた通りの方法でやることをお勧めします。勝手なことをすれば、教える人が教育する気をなくすだけです。まずは、新しい会社のやり方をすべて受け入れましょう。

能や武道の世界に「守破離《しゅはり》」という言葉があります。これは、修行の順序を説いたもので、最初の**「守」は師匠の教えを忠実にマネして基本を身につける**段階、次の**「破」は教えを守りながらも応用を加える**段階、最後の**「離」は独自の方法を追求する**段階を示しています。つまり、**基本をしっかり身につけないと、成長できない**というわけです。

これは仕事でも同じこと。マニュアル無しでできるレベルになるまでは、そのままマネしましょう。すると、なぜその方法を採用しているかわかってくるはずです。

仕事にも通ずる「守破離」の教え

離
師匠の教えを
離れて、独自の
方法を追求する
破
師匠の教えを
守りながらも
応用を加える
守
師匠の教えを忠実に
マネして基本を身につける

「守破離」は、武道や茶道など、様々な分野で大切にされている教え。基本をしっかり身につけないと、「破」「離」の段階には到達できない。仕事でも、のちのちジャンプアップしたいなら、新人のうちに徹底的に基本を身につけることが不可欠だ

1-09 先輩社員や教育係を「その気」にさせよう

損な役回り、と思わせないコツ

「王道」を駆け足で、駆け抜けよう

入社間もない頃は、教育係に先輩社員がつくことが多いはずです。このとき**気をつけたいのは「損な役回りだ」と相手に思わせないこと。**先輩社員はあなたの成長を願いつつも、自分の業務にあてるはずの時間と労力を削られる、デメリットも感じがちだからです。

では、どうすれば？　**どんどん教わったことを実践して、先輩が思っている以上のスピードで言われた仕事を遂行していきましょう。**教えた相手がみるみる成長するのを見るのは、自分の成長のようにうれしいもの。「もう終わった？」「これも！？」と驚かすほどのスピード感で習得していけば、教育係は「本当は入社1週間の人にやらせる仕事じゃないけど……」とさらにレベルの高い仕事をふってくれるかもしれません。

先に先輩や上司に言われていないことをやろうとせず「王道」を歩け、と前項でお伝えしました。ただし、その王道は全力で駆け抜けてしまいましょう。それが、あなたを加速度的に成長させ、周囲の信頼を勝ち取ることにつながるのです。

教育係の先輩社員に「過剰サービス」をさせるには

自分の仕事をする
時間がないよ……
えーと…このデータはこれだから……
あれ、先輩なんて言ったんだっけ……
やばい。全然わからない

教育係を担当する先輩社員は自分の仕事をかかえながらあなたをみてくれている。余計なところでつまずきすぎると、迷惑をかけることも。ある程度は仕方がないが、人の時間を奪っている意識はもっていたい

じゃあ、これも!
こっちも!
これくらいの案件もできるでしょ!
資料できました!
こっちも終わりました!
次は何をやりましょう?

教えたことを思った以上のスピードでこなす――。たいていの教育係は、指導のモチベーションを高めるはず。レベルの高い仕事を次々と任せてくれるようになり、あなたの成長スピードもさらにアップする

1-10 お客様を引き継いだとき、言ってはいけない言葉がある

相手を不安にさせる「逃げ口上」

新人以外は許されない、プロ失格のタブーとは？

新卒社員と転職社員の大きな違いのひとつに、「いきなりお客様を引き継ぐこと」があります。すでに社会人経験があるのは学校を出たばかりの新卒社員とくらべたら大きなアドバンテージ。会社としても安心感があるため、仮に異業種転職であっても「早速こちらのお客様を担当してほしい。紹介するよ」などと引き継がれることはあり得るわけです。

さて、先輩社員からお客様を引き継ぐ「顔あわせ」のとき、引き継いだ社員が言いがちだけど、言ってはいけないタブーがあることを知っていますか？

それは「不慣れなため〝ご迷惑をおかけするかもしれません〟が、よろしくお願いします」というセリフ。これはお客様からしてみれば「うまくいかなくても見逃してね」という逃げ口上に聞こえます。**新卒社員ならいざしらず、中途入社の社員が言ったら、未熟に見えて相手は不安しか感じません。**お客様相手なら「お任せください！」と自信満々で話す。もちろん120％の力で有言実行を果たす。それがプロというものです。

客先で「ご迷惑をかけるかも」はNGワード

いい大人のくせに大丈夫か。
不安だな……
不慣れなため、ご迷惑をおかけするかもしれませんが……

謙虚さを美徳とする日本人は何かと自分を下げて話す。ただ、冷静に考えてみると、この場合は「自分はプロではないのでミスをしても許してね」という自己保身に聞こえる。新卒以外が使ってはNG

信用できそう。
安心して任せられそうだ
今後は私にお任せください!

プロフェッショナルとして仕事をするならお客様を不安にさせてはいけない。仮に不安があったとしても、客先で口に出さず、先輩社員相手に相談するなど内々で事前に策を練ればいいことだ

コラム

座席表を入手する

入社したての頃、不安のひとつは同僚の顔と名前が一致しないこと。上司や関係部署の担当者などは、個別に紹介されますが、同じ部署のスタッフ一人ひとりまでは紹介されないでしょう。仮に紹介されても一度だけで覚えるのは大変です。

名前を覚えることが人間関係を円滑にする第一歩。職場に溶け込むためには、同じ部署の人の名前をできるだけ早く覚えることが重要です。

そこでおすすめなのが座席表の入手です。部署の入り口に座席表を貼り出していれば、それをもらうように頼んでみましょう。予備がなければ、それをスマホで撮って、自分で座席表をつくります。そもそも座席表がない場合は、周辺の席の人に聞きながら作成しましょう。座席表をつくりながら周辺の人と親しくなれる一石二鳥のメリットが得られます。座席表ができれば、誰が誰だかわかるので、話しかけたり、話しかけられたりすることが怖くなくなります。

また、話したことがない人に対しても、名前がわかれば話しかけやすくなります。話しかけられた方も、自分の名前を早い段階で覚えてもらうのはうれしいことです。好感度が上がること間違いなしでしょう。

第2章

入社1カ月「職場に溶け込む」ためにしたいこと

2-01 「いい採用だった」と満足させる

成果よりポテンシャルを示すが勝ち

タイムリミットは3週間

バイヤーズ・リモース（購入者の後悔）という言葉をご存知でしょうか？　モノを買った人が、その後、冷静になったあと「ちょっと衝動買いだったかな……」「もっといい商品があったのでは？」と後悔する心理を指したマーケティング用語です。

これは転職も同じ。会社は高いコストをかけて、いわばあなたを「購入」しました。だからこそ「もっといい人がいたかも……」と後悔する可能性があるのです。

だからあなたは「後悔させないこと」に尽力を。**成果を急ぐよりポテンシャルを示すことがカギ**です。小売の世界ではバイヤーズ・リモースを緩和するため、購入直後にDMを送り「不具合があれば言ってください」とフォローします。重要なのは安心感。転職者も「何かあれば言ってください」とフォローすることで採用の後悔を防げます。ちなみにバイヤーズ・リモースは購入後3週間以内に生じがちとされます。入社1カ月目までは前出の守破離の「守」の頃。**堅実な安心感や安定感こそアピール**しましょう。

バイヤーズ・リモースに「安心感」で対策!

高額商品を買ったとき、人はよろこびの絶頂を感じやすい → しかし、その後、冷静になると「失敗したか」と後悔しがちに → そんなときに安心感を与えるアフターフォローの体制&言葉は響く!

転職でもバイヤーズ・リモースはある

高いコストをかけて採用した会社は、満足感が高い → しかし、その後、冷静になると「失敗したか」と後悔することも → 後悔させないよう安心感を与える「実直さ」「手堅さ」をアピール!

2-02

違和感を指摘しない。まず受け入れる

実力を示すどころか、逆効果に

職場に溶け込んでからでも遅くはない

「この仕事のやり方、ちょっと効率が悪いんじゃないかな？……」

新しい職場に入ると、同僚たちの仕事ぶりを見て、そう感じることがあります。前の職場とのギャップが大きければ大きいほど、強い違和感を覚えることでしょう。

ほとんどの場合、あなたが違和感を覚えたことは、改善したほうが良いこと。会社の常識に染まっていないからこそ気づけることであり、あなたが新しい職場に貢献できるポイントである可能性が大です。

しかし、入社早々、違和感を指摘するのはやめておきましょう。その職場のことを詳しく知らないうちから指摘すると、**元々働いていた人たちは、「何も知らない人が、自分たちが築き上げた仕事のノウハウを上から目線で否定した」と感じる**からです。たとえ正論だったとしても、良い気持ちはしません。**改善策を提案するのは、仕事を覚えて、職場に溶け込んでから**にしましょう。

いきなり違和感を指摘すると、嫌われる

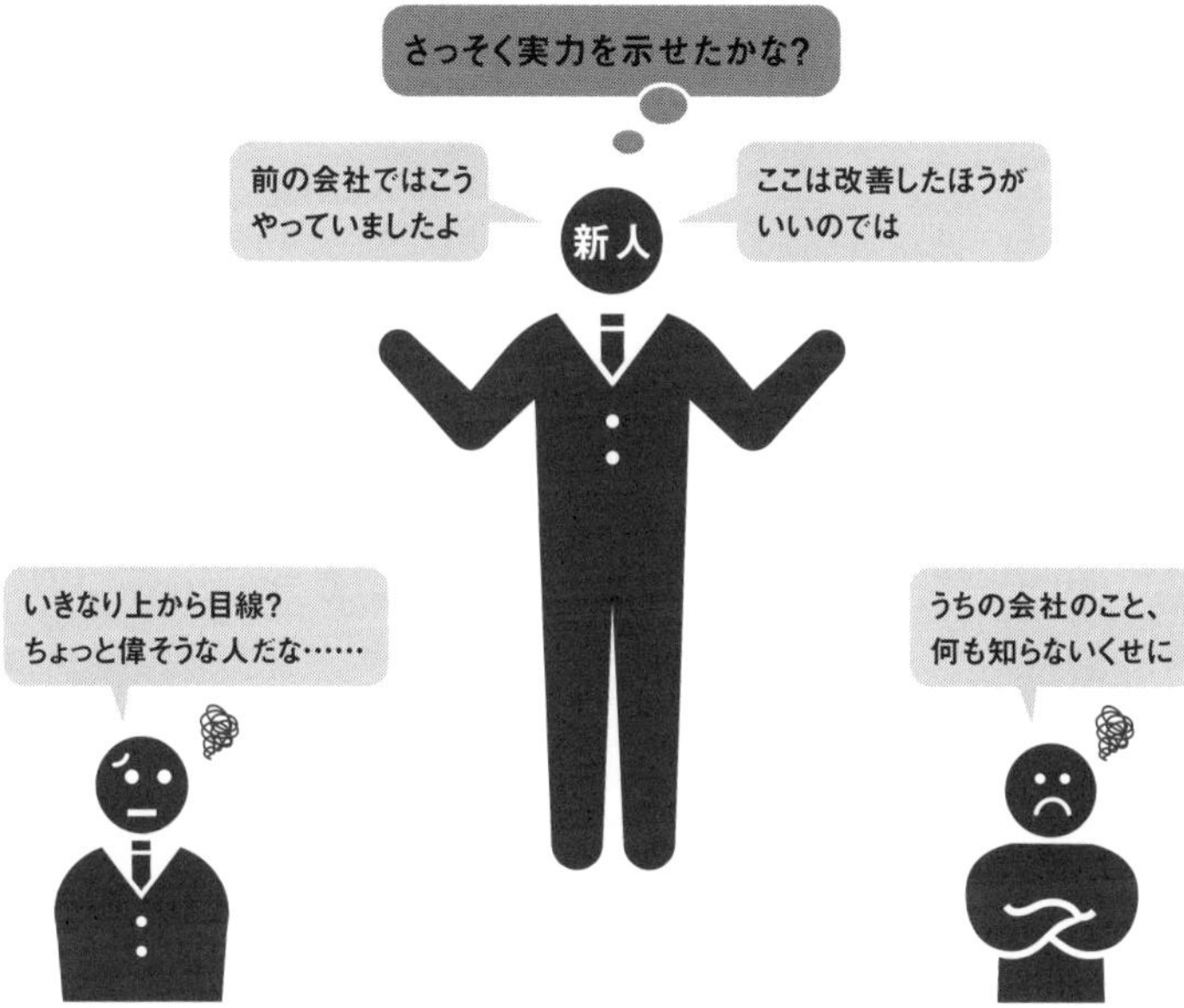

入社してすぐに改善点を指摘すると、元から働いている人たちから嫌われてしまい、話を聞いてもらえなくなる。とくに「前の会社ではこうだった」は、新しい職場を見下していると思われるので要注意だ。ただし、あなたが「改善が必要」と感じた点は、あなたがその会社に貢献できるポイントである可能性が高い。職場に溶け込んだタイミングで指摘すれば、逆に高い評価につながる

2-03 聞き上手に徹する

先輩たちに過剰なサービスを提供させる

思わず話したくなる人になる

入社1カ月目は、がむしゃらに仕事のやり方を覚える時期です。いくらキャリアがあっても、この会社では新入社員。ライバルとなる同僚たちに追いつくためには、一時も無駄にできません。**早く追いつくために、先輩たちにも協力してもらいましょう。**例えば、1カ月で2カ月分、あるいは3カ月分教えてもらえれば、みんなに追いつくスピードが、それだけ速くなります。いいかえれば、先輩たちに過剰サービスをさせるわけです。過剰サービスを引き出すポイントは、聞き上手になることです。「明日、教える予定だったけど、話が弾んでいるので、ついでに話しちゃおう」。話すのが楽しい人になれば、このような展開が期待できます。

それでは、どうすれば聞き上手になれるのでしょうか。**ポイントは真剣に聞いていることを示すこと**です。「しっかりメモをとる」「相手の目をみて話す」「こういうことでしょうか？　と咀嚼して言い直して、理解していることを示す」などを心がけましょう。

教えてくれる先輩たちのモチベーションをあげる

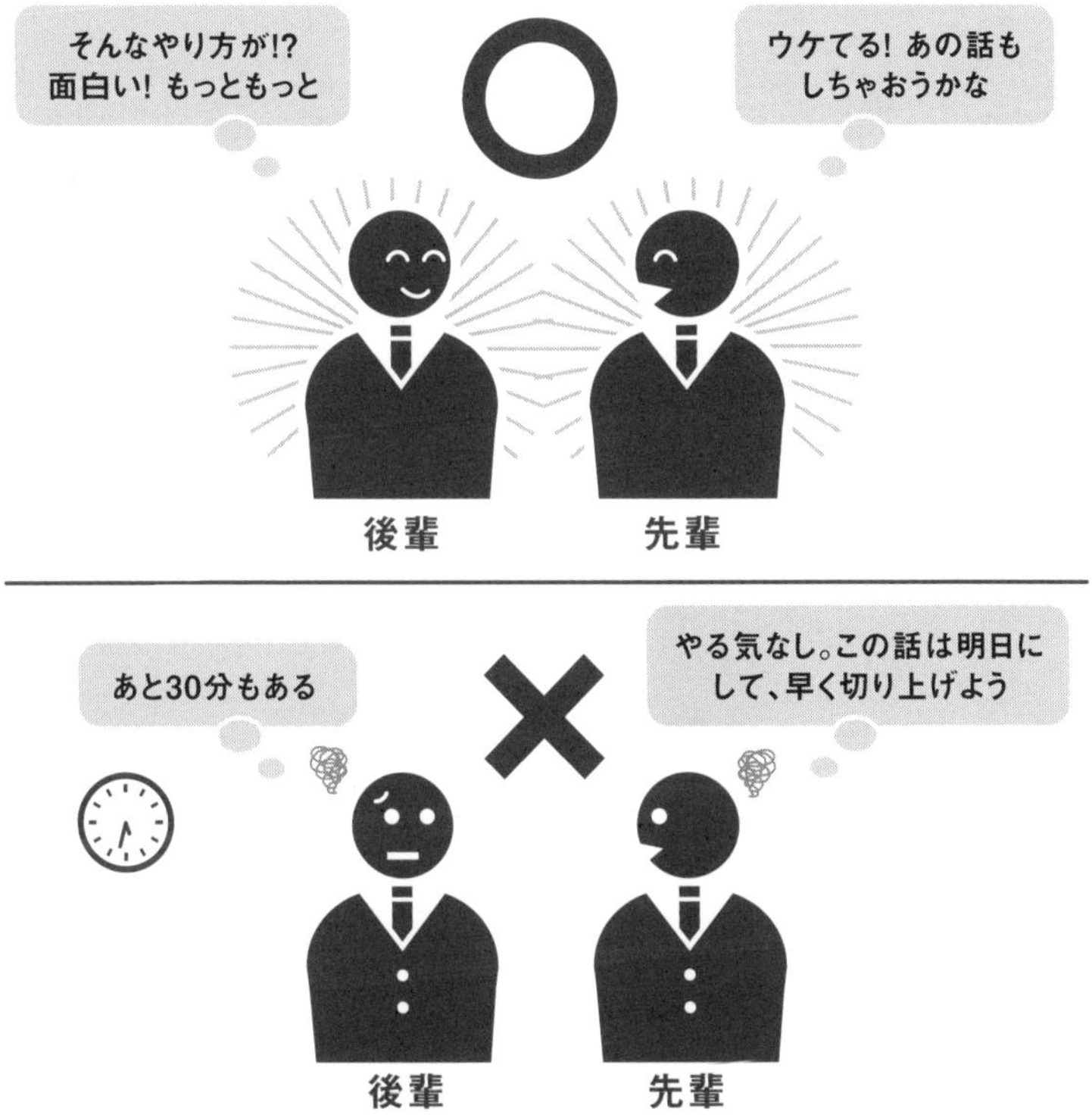
そんなやり方が!?
面白い! もっともっと
ウケてる! あの話も
しちゃおうかな
後輩
先輩
あと30分もある
やる気なし。この話は明日に
して、早く切り上げよう
後輩
先輩

モチベーションが高く聞き上手な人とは話すのが楽しいので熱心に、また少しでも多く教えたくなるが、やる気のない人とは話していても楽しくないのでメンターも手を抜く

2-04 上司の癖をつかもう

直属の上司が
何を求めているのか
常に意識しておこう

上司の評価ポイントを知る

しっかりと成果を残して「仕事ができる」と評価されれば、役職や給料が上がり、任せられる仕事も大きくなります。いかに「周囲から高い評価を得るか」が、転職先でのあなたのこれからを決定づけるわけです。

中でも大切になるのが、**直属の上司の癖を探り、把握すること**です。

あなたの今後の昇進や異動に最も大きく関わるのは、評価者である直属の上司です。だからこそ、この評価者から高い評価を得られることが、何より大事というわけです。上司があなたに何を求めているのか。どんな仕事をどれくらいしてほしいと思っているか。どんなコミュニケーションを好むのか……。

人の評価のポイントは千差万別。例えば事細かな報告を求める上司に、良かれと思ってシンプルにまとめた報告を伝えても、評価が上がることはありません。逆もまた然り。上司の癖を普段から情報収集しておくことを、常に意識しておきましょう。

上司の癖を知っておこう

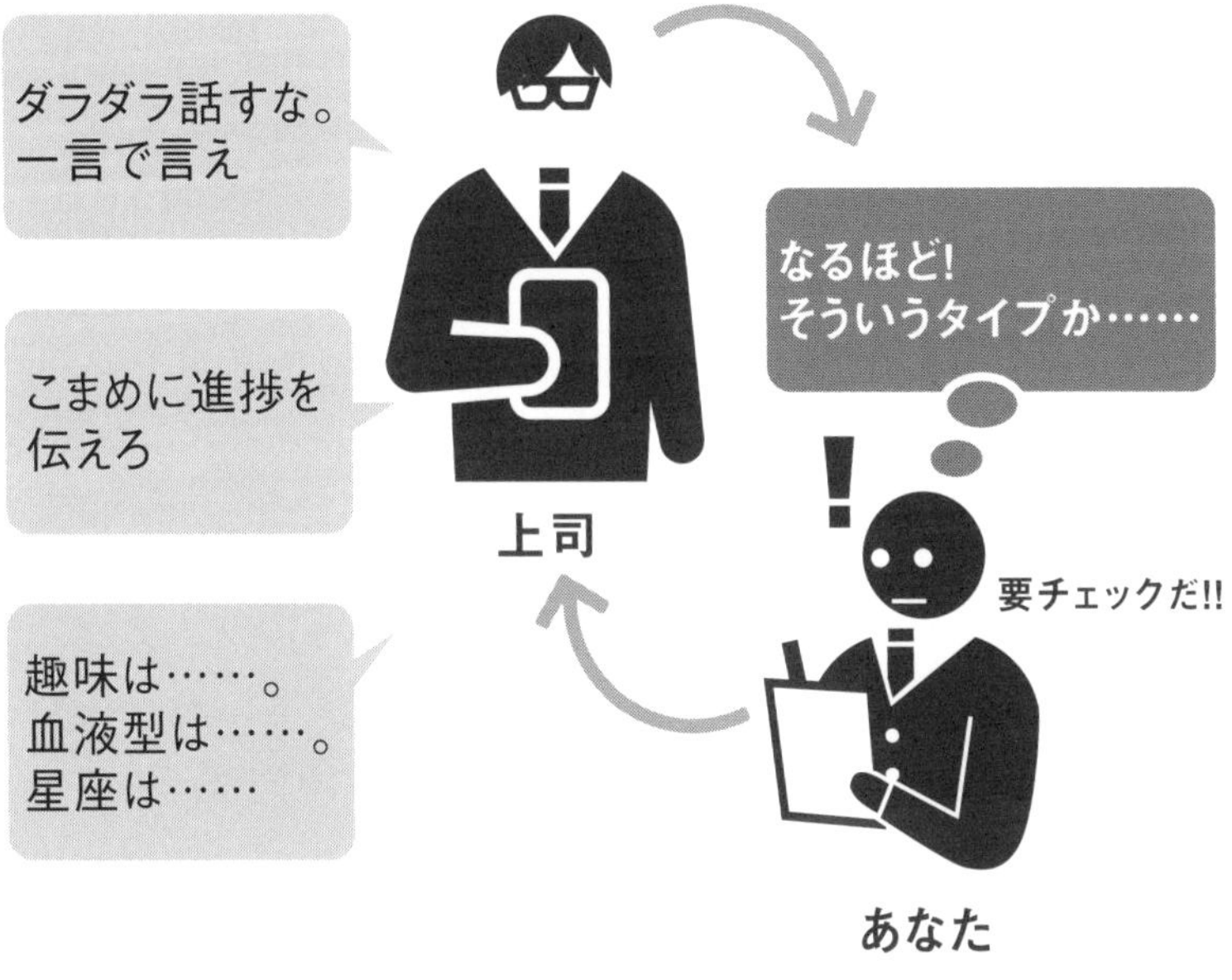
ダラダラ話すな。
一言で言え
こまめに進捗を
伝えろ
趣味は……。
血液型は……。
星座は……
上司
なるほど!
そういうタイプか……
要チェックだ!!
あなた

上司=仕事の仕入先

お客様からはもちろん、直属の上司から評価されることもビジネスパーソンにとっては最も大事なことの一つ。そのためには「上司の癖」をつかむことが大切

2-05 新しい職場のルールをインプットする

社内用語は積極的に使おう

仲間意識や連帯感が生まれる

新しい職場で戸惑うことの一つに社内用語や業界用語があります。例えば、百貨店ではトイレに行くときに、お客様にわからないように隠語を使います。「スケンヤ(西武)」「遠方(三越)」「つきあたり(伊勢丹)」といった具合です。IT企業のサイボウズでは、グループウェアを「GW」と略すため、転職組は「ゴールデン・ウイークの話?」と戸惑うそうです。社内用語や業界用語を使うことに一種の照れを感じる人もいるでしょう。また、正しい使い方を確信できていないので、第一声がなかなか出ないという人もいるでしょう。しかし、使わずにいるのは得策ではありません。とくに**社外では通じない内輪の社内用語を使うと、仲間意識や連帯感が生まれます**。間違った使い方でも、使うことが仲間に入ろうとしている気持ちの表れだと受け止められます。外国人がたどたどしくとも「コンニチハ」と日本語を使うと、私たちはちょっとうれしい気持ちになります。それと同じです。難しく考えずに、今から使ってみましょう。

社内用語、業界用語は積極的に使おう

スケンヤ行ってきます
彼女もすっかり
なじんだようね
トイレに行ってきます
まだまだなじめていないね

社内用語、業界用語は仲間意識を盛り上げる効力もある。若者が、大人にわからない「若者用語」を好んで使うのも同様の効果を狙ったもの。新しい会社に身内として溶け込むためには積極的に使いたい

2-06 他の会社と比較をしない

前の会社の話はしばらく封印

自分の立場を自覚する

入社したてのときにおこないがちなのは、他の会社や以前働いていた会社との比較です。「ライバルのA社は会社の近くに住むと住宅手当が出ると聞いたけど、うちは出ないんですか？」「えっ？　今時、一人一台パソコンがないんですか？」「資格取得のための費用、自腹ですか？　前にいた会社は出ましたよ」といった具合です。

新天地への期待が大きいだけに、現実とのギャップにショックを受け、「あっちの会社は……」「前の会社は……」と感じたことがポロリと漏れてしまうわけです。しかし、言われた方はどう感じるでしょうか。「あっちの会社に入れば？」「前の会社に戻れば？」……こんなふうに思われるでしょう。とくに給与関係、福利厚生関係、設備関係など待遇や雇用環境に対する不満はアウトです。**条件のことばかりうるさく言うけど、肝心の仕事のやる気を疑われてしまいます**。どんな会社でもいい面、悪い面があります。がっかりするのは、せめて3カ月ほど経った後、良し悪しの両面が見えてからにしましょう。

他の会社、前の会社と比べない

同じIT業界でも、A社とは
ずいぶん違うんですね

同じ業界でも、企業によってカラーは違う。同業者と比較するのはNG

いまだに手作業ですか? 前の会社は
全部自動化されてましたよ

前の会社との比較はNG中のNG。転職を否定的にとらえられる可能性も

資料代も自費ですか?
けっこう渋いですね

お金に関する話は当面タブー。「仕事ではなくお金のことしか考えていない」と思われる

比較するから不満が出てくる。最初の3カ月は、すべてを忘れ、まっさらな状態で転職先を見てみよう。3カ月後には、いい面もたくさん発見しているはずだ

2-07 できないことを指摘されたら

教えてくださいと素直にお願い

謙虚に出れば丸く収まる

大企業から中小企業、あるいはベンチャー企業への転職で苦労する典型は業務範囲の違いです。大企業では、パソコンが不調ならシステム部が直してくれるし、契約書を作成するときには法務部がチェックしてくれます。請求書の発行や入金チェックをおこなう総務担当者がついていることもあるでしょう。それに対して、小企業やベンチャーは人数が少なく、事業規模も小さいので、ほとんどの作業は分業ではなく、自らおこないます。

そんな環境の中に**分業に慣れた大企業出身者が転職してくると、請求書ひとつ正しく書けない「できない人」となる**わけです。大企業出身者に対する嫉妬があれば、「●●社出身なのに、そんなこともできないんですか?」といった具合に、プロパーの社員から、あからさまに言われることもあるかもしれませんが、めげてはいけません。相手の言葉にも一理あるからです。悔しくても、「やり方を教えてください」と素直に頼みましょう。**広い範囲の仕事を覚えることは大きなメリット**だからです。

大企業と中小企業の仕事の守備範囲

大企業の仕事 ひとつの仕事を様々な部署と分業しながらすすめていく

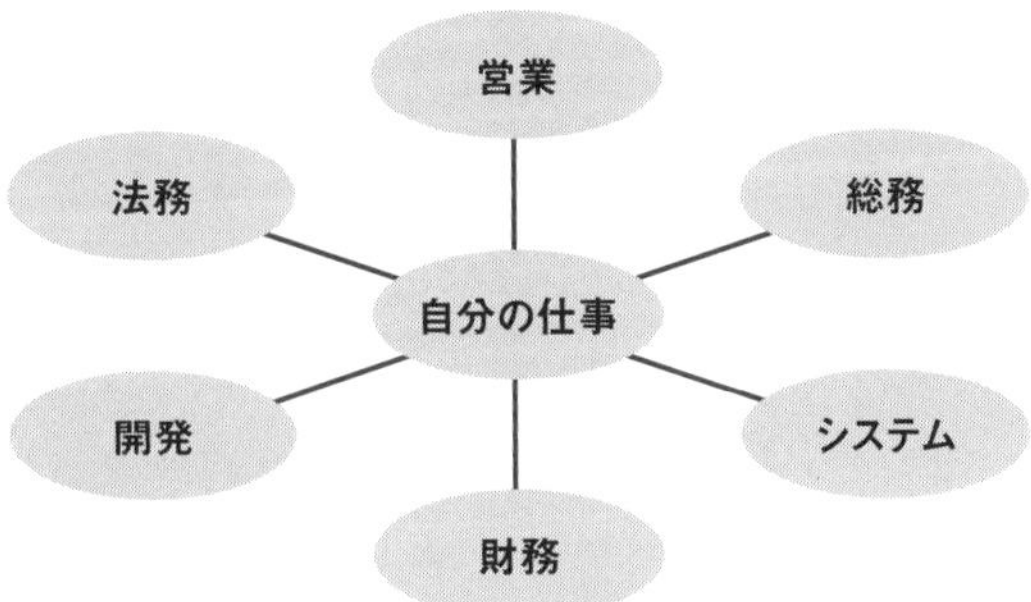
営業
法務
総務
自分の仕事
開発
システム
財務

中小企業の仕事 専門知識が必要な仕事を除いて、基本的には一人で完結

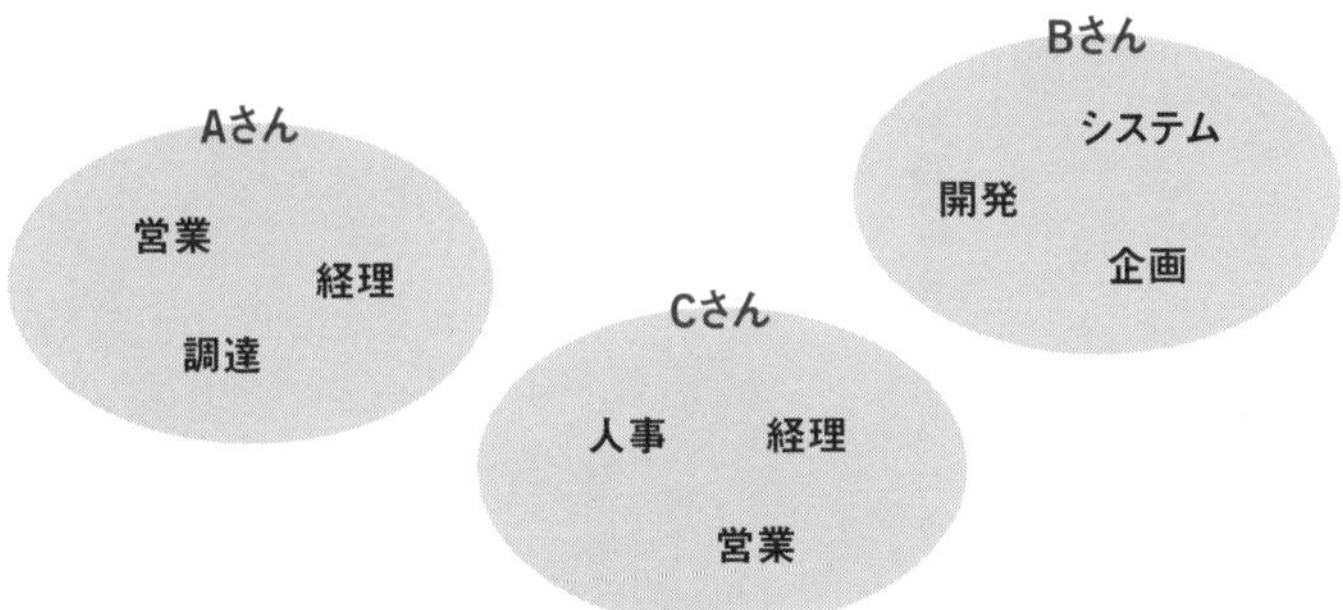
Bさん
システム
開発
企画
Aさん
営業
経理
調達
Cさん
人事
経理
営業

様々な業務をこなせるようになれば、今後のビジネス人生で必ず役に立つ。先輩に注意されたとしてもそれは習うチャンス。落ち込んだりイラついたりせずに、間髪いれずに教えを請おう

2-08 デキる人に「志」と「こだわり」を聞く

学びになるうえ、
親しくなれる

――誰しもどこかで自分語りがしたい

入社1カ月も経った頃には、職場のいろんな人たちとコミュニケーションをとる機会が増えるでしょう。そんな中で**「この人はすばらしい見本になる」と尊敬できる人に出会えたら、雑談や事務的な会話のなかで、さりげなく「その人なりの仕事への志やこだわり」も聞いてみましょう。**デキるビジネスパーソンは、自分なりの仕事哲学や志を持っているもの。そうした個人のビジョン、ミッションのようなものにこそ学ぶものが多いからです。

くわえて大きなメリットが「**その人との心の距離が縮まる**」ことです。

誰しも自分のバックボーンにふれる話は、どこかでしたいと思っています。かといって自分からは言いにくいし、聞く側も気恥ずかしい。しかし、最近加わった新人相手ならば、話すほうのハードルが下がります。「なぜ、この会社を選ばれたのですか?」「新人の頃はどんな思いを?」――。こうした真っ直ぐな質問が相手の心を開き、心の距離を縮めることにつながる。職場に溶け込む特効薬になるのです。

成長の早道は
デキる先輩をマネすること

こだわりや志を聞くための質問例

デキる先輩とゆっくり話す機会があったら、どんどん質問しよう。
「こんなこと聞いて大丈夫かな?」などとは思う必要なし。
ポジティブな質問なら喜んで答えてくれるはずだ

前から伺いたかったのですが、
先輩は、そもそも、どうして、うちの会社を選んだのですか?

役員をはじめ、この事業に対する反対派は多かったと聞いています。どうしてがんばれたのですか?

先輩ってどんな新入社員だったのですか?

新人がこの会社で最優先でやっておくべきことって何でしょうか?

デキる先輩を見つけたらマネしてみる。これは自分を成長させる効果的な方法でもある。先輩のファッションや小物や仕草などカタチから入ることも、モチベーションをあげるためには有効だが、まずはマネすべき志やこだわりをリサーチしよう

コラム

3カ月までは とにかく素直に習おう

中途入社の社員研修は、研修といっても基本的には業務の引き継ぎです。A先輩からB社の引き継ぎ、C先輩から資料のとりまとめ業務の引き継ぎ、といった具合に進んでいくので、新入社員研修とは違って、基本的には1対1の関係です。新入社員研修は、1週間のプログラムを2日で済ませることは難しいですが、引き継ぎの場合は、仕事によっては2日に短縮することも可能です。

早く一人前になるためには、引き継ぎ業務を短くすることがポイントにも思えます。そこで、「その仕事は知っています」と言いたくなりますが、そこはぐっと我慢しましょう。時には前日から準備をして一生懸命教えているのに、「そんなことは知っているから説明はいらない」などと言われれば、誰でも面白くはないでしょう。生意気だと思われれば、「知ってるなら、あとは説明不要だね」と他のことも教えてもらえなくなるかもしれません。

業務を完璧にマスターするまで、また先輩たちと親しくなるまでは、知っていることでも素直に習い、きちんとメモをとりましょう。

第3章

入社3カ月「確実に実績を生む」ためにすべきこと

3-01 実績を出そうと焦りは禁物

試用期間で見られるのは実績よりも「なじめるか」

少しずつ「リミッター」をはずすとき

採用に関して、多くの会社は試用期間を設けています。新卒社員に関しては、試用期間で採用を取り消されるケースはまずありませんが、中途採用の場合は、それほど珍しい話ではありません。試用期間は緊張感をもって過ごしましょう。

試用期間は一般に3カ月、中には半年に設定しているところもあります。いったい、そこで何を見られているのでしょうか。それは**「この会社になじめるかどうか」**。そもそも入社試験では、実際の実力は見えにくいので、ポテンシャルで評価されます。試用期間は**「会社になじんで期待通りのポテンシャルを発揮できるか」**をチェックされるわけです。

にもかかわらず、実績を出そうと焦って、勝手な行動を起こすのは禁物です。トレーナー役の先輩たちに「俺の言うことを聞かないな」「自分のことしか考えない」「あの人は成長しない」などと言われれば、本採用が取り消しといったことになりかねません。この人は、きっと伸びる。そう期待されるための努力をしましょう。

試用期間に会社がチェックしたいこと

試用期間3カ月と言われると、3カ月で何とか実績を出さなくてはならないと焦る人は少なくない。しかし、試用期間を設けているような会社で新人が成果を出すことは容易ではない。先輩や上司の指示に素直に従うことが賢明

3-02 「仮説思考」を身につけよう

仮説を立て、検証し、短時間で結論を導き出す

仕事以外の場でもトレーニングできる

「どうすれば契約が取れるか」「離職率を下げるにはどうしたらいいか」。仕事の結論を導き出すとき、考えられる限りの結論を出し、一つひとつ検証していたら、いくら時間があっても足りません。そこで実際の仕事では**「これが結論ではないか？」と仮説を立てて検証していくプロセスを踏みます。この思考法を「仮説思考」といいます。**

精度の高い仮説が出せるようになると、短時間で結論に行き着けるようになります。新しい職場に入りたての頃は、どうしても精度が低くなりますが、仮説を持って仕事をすることを習慣づければ、徐々に精度があがってくるはずです。

仮説の精度をあげるためには、仕事で多くの経験を積むことが必要ですが、仕事以外の場でもトレーニングできます。街で流行っている店を見つけたら「なぜこの店は流行っているのか」、人がいない店があったら「どうすれば流行るか」とテーマを設定し、仮説を立てて検証してみるのです。これを繰り返していると仮説を立てるカンが磨かれます。

仮説思考はどこでも磨ける

町を歩いていて…
なぜこの店は流行って
いるんだろう?
SHOP
ランチで…
なぜこの店はおいしいのに
流行っていないんだろう?
テレビを見て…
なぜ、この商品が
売れているのだろう?
大ヒット!

日々接するものに対して、「なぜだろう?」と疑問を持ち、仮説を立てて検証していく。それを積み重ねることで、仮説思考は磨かれる

3-03 派閥は知らないふりをしよう

中途入社だからと無理に入る必要なし

――所属するなら会社の様子がわかってから

入社前にはわからないのが職場の人間関係です。中でも困惑するのが派閥の存在でしょう。A社とB社が合併した会社なら旧A社派と旧B社派、オーナー経営者の場合は先代の会長派と息子の社長派、学閥……。大企業から中小企業まで、会社の規模を問わず、派閥が存在しているケースは少なくありません。もし派閥の存在に気づいても、できる限り気づかないふりをしましょう。**派閥を認めれば、自分が所属している・していないにかかわらず、誰がどの派閥か覚えなくてはならないし、「話をもっていく順番」など、暗黙のややこしいルールに従う必要が出てくるから**です。

もっとも、人間は考え方が合う人とグループをつくるもの。それを派閥と言えば、ほとんどの会社に派閥があるともいえるでしょう。もし入るなら、目的に同意できるグループに入りたいものです。途中入社したばかりという立場を生かして、派閥や人間関係は一切知らないふりをして、組織を客観的に俯瞰して見ましょう。

派閥のメリット・デメリット

デメリットは優先順位が狂うこと

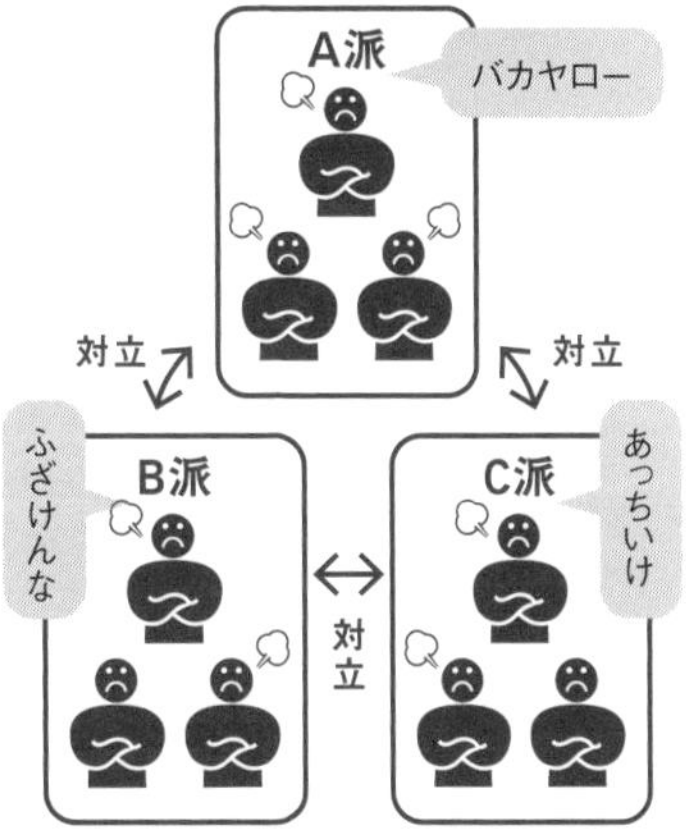
A派
バカヤロー
対立
対立
B派
ふざけんな
C派
あっちいけ
対立

派閥争いがすぎると、社内が分断されて派閥を超えた情報共有が図れなくなるためだ。会社より、派閥の利益が優先されるのは最悪

メリットは目標を達成しやすいこと

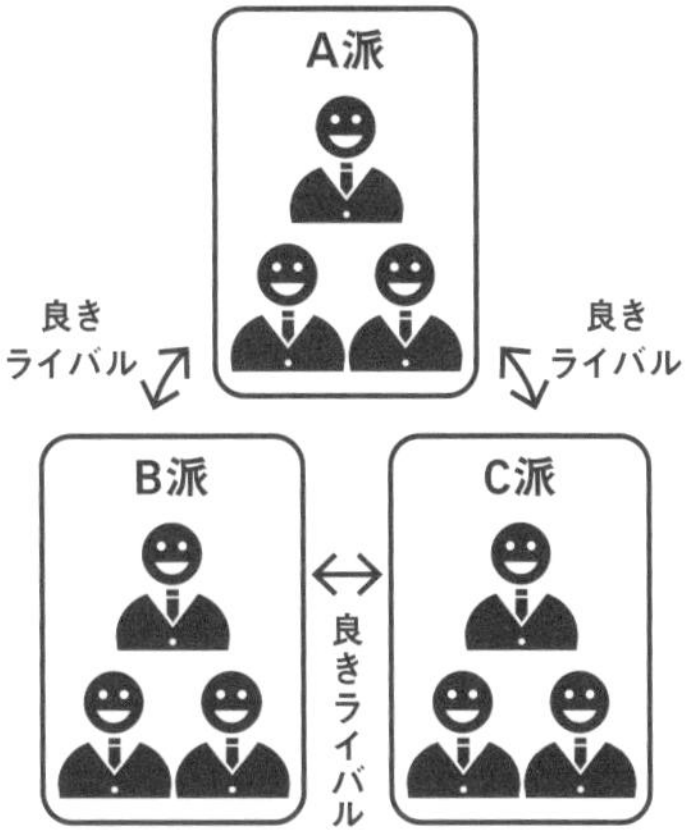
A派
良きライバル
良きライバル
B派
C派
良きライバル

派閥は同じ目標を持った人たちの集まり。モチベーションが高まったり、新たなアイデアが生まれたりして、目標を達成しやすくなる

派閥の存在に気がつけば、誰と誰がつながっている、誰と誰は仲が悪いなど人間関係が気になってくる。そもそも派閥に気づかなければ、人間関係への気遣いも無用。新しい仕事を覚えることに専念できる。慣れないうちは派閥に入らないのがベスト

3-04 仕事は120点を目指そう

あなたを採点するのは、あなたではない

目標値は少しあげるくらいがちょうどいい

「仕事は100点満点を目指すべきだ」。そう考える人がいるかもしれませんが、できればこう変えてください。「仕事は120点を目指す！」と、満点を少し上回っておくのです。

理由は上司、あるいはお客様も、あなたの仕事に「100点」を求めているから。「それなら100点でいいのでは？」と思うのは間違いです。「十分だ」とあなたが思うレベルが、上司やお客様が思うレベルよりも低いことが少なくありません。あなたは「100点」だと思った仕事が、上司には「80点」と映っているかもしれません。だから少し目標値を上げるくらいがちょうどいいのです。

加点部分は「少しだけプラスアルファの価値を加える」のがお勧めです。「納期より1日早く仕事を終わらせる」「Aという企画の提案を頼まれたが、Aと共にAダッシュの企画も添える」といった具合。**今の仕事のお客様や直属の上司が「どんなことを評価するか」を考えた上で付加価値を足してみましょう。**それがあなたへの評価につながるのです。

仕事は20％増しでする意識を持つ

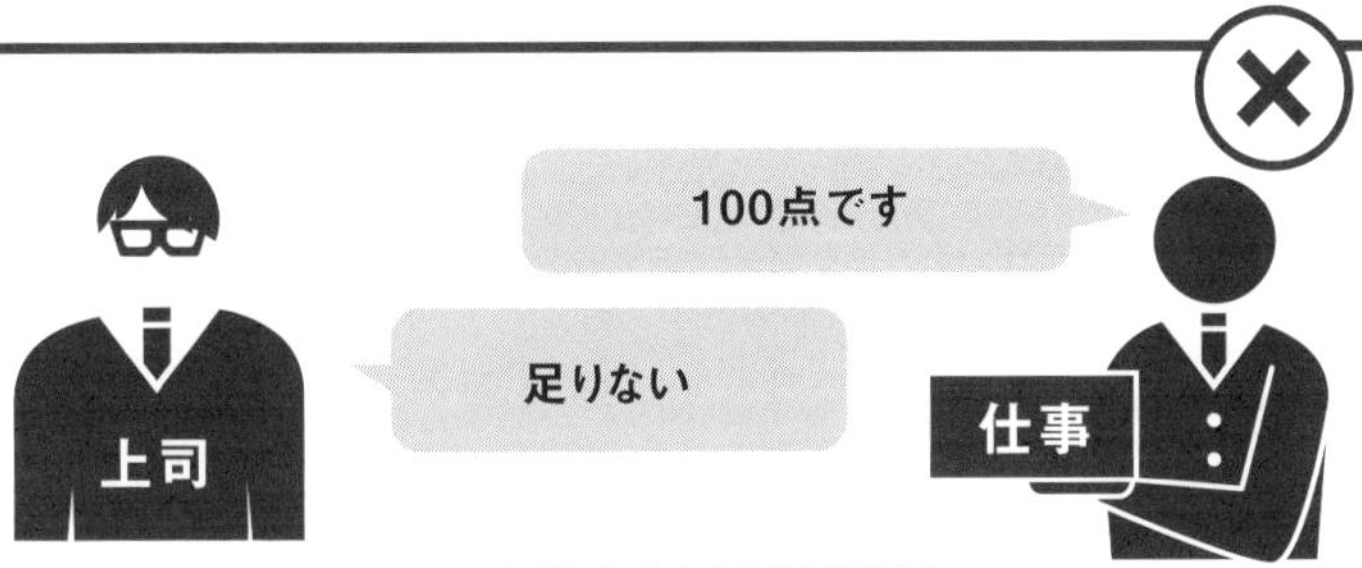
100点です
足りない
上司
仕事

100点満点なら相手は満足。
だが、あなたの考える100点と相手のそれが違うことも

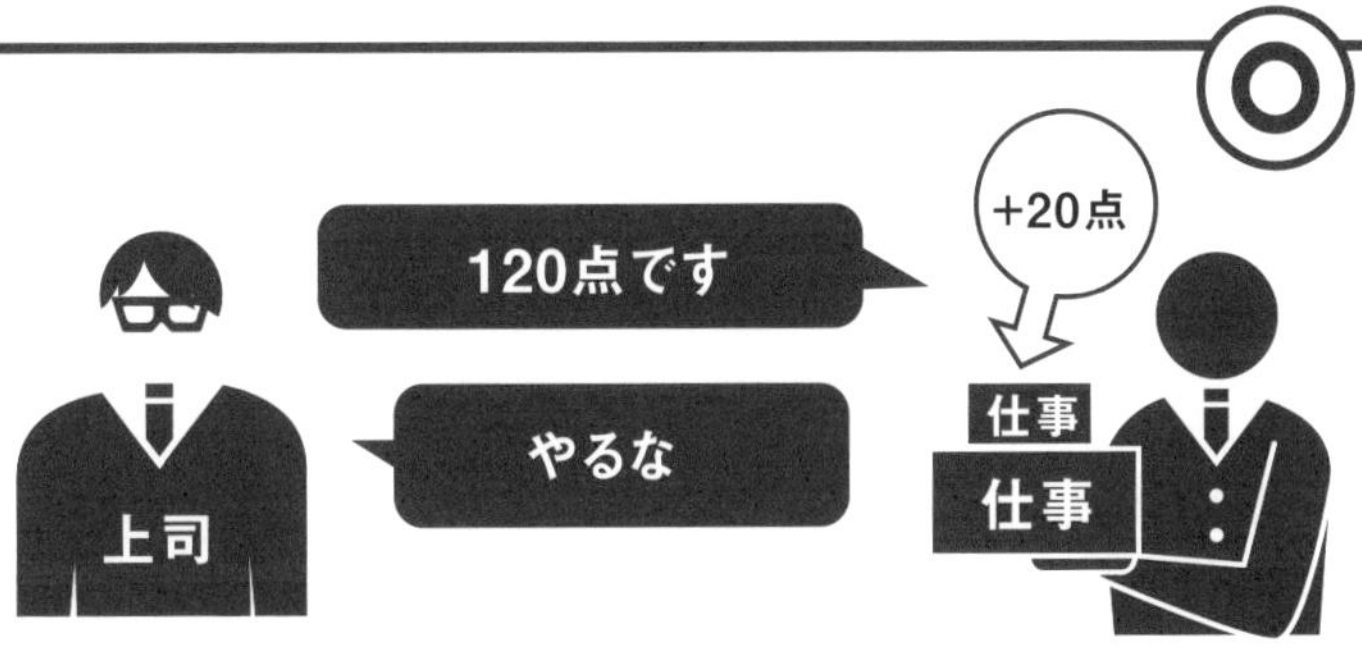
+20点
120点です
やるな
上司
仕事
仕事

最初から20点の付加価値をつけて仕事を納める。
万が一の保険になるわけだ

上司（あるいはお客様）があなたに求めているのは「100点満点」の仕事。もっとも、採点基準は人によって違うもの。最初から120点を取る気持ちでやってちょうどいい

3-05 経験を活かした社内での提案

異業種の知恵が役立つとき

提案のポイントはさりげなく

3カ月も経てば、仕事にも慣れ、新しい仲間とも親しくなっているはずです。ランチでの雑談などを通じて、自分の前職での仕事や業界の特徴について話した人もいるでしょう。このような付き合いに進展したときは、異業種出身者ならではの提案をするチャンス到来です。

例えば運輸会社出身者なら運賃を安くする裏技、旅行会社なら出張のアップグレード、IT会社出身者なら業務に役立つ無料ソフト……など、業界出身者ならではの提案を、さりげなく上司や同僚にしてみましょう。期待以上の効能があれば、「さすがは、餅は餅屋」と感心され、評判は広がっていきます。やがては「配送方法を見直したい」「出張のやり方を見直したい」など、業務の見直しにつながることもあります。

NGなのは仕事の本質にかかわる部分にクビを突っ込みすぎること。**営業のやり方、製品やサービスのターゲットなどを全否定して改善を提案するようなことは言語道断**で、反発を受けるのは必至です。踏み込んだ提案はもう少しあとで。

異業種出身者ならではの
提案のタイミング

例えば
運輸業界出身者なら…

発送伝票などを見ながら、さりげなく「これって、ちょっと高いですね。〇×サービスを使えば2割くらいは安くなるはずですよ」などと雑談ベースでつぶやく

もっと安く
できますよ

例えば
旅行業界出身者なら…

「このホテル、法人会員になるとラウンジの飲み放題サービスがつくんですよ」などと、自分に聞けば出張もプライベート旅行でも得な情報が得られることをアピール

いいサービス
ありますよ

例えば
不動産業界出身者なら…

「この会社、●×ビルに入っているんですか? お金あるんですね」「えっ? こんな割高な倉庫を利用? もったいない」など不動産情報の詳しさをアピール

これは割高
ですね

業界出身者ならではの提案を受け入れてもらうには、まずは「さすが業界出身者」と誰もが納得する信頼を得ることが重要。問題点を指摘する前に、きちんとした知識やノウハウを持っていることを理解してもらおう

コラム

周囲をすべて自分の クライアントだと思ってみよう

入社3カ月も経つと、新しい職場にも慣れてくる頃だと思います。ただし、慣れたからといって、手を抜き始めると「最近、仕事が雑ではないか?」「慣れてきたら変わってしまったな」などとたんに周囲からの評判は下がり、成果も下げることにつながりかねません。普段の仕事はもちろん、社内での立ち居振る舞い、ちょっとした言葉遣いは、ていねいであるに越したことはありません。ただ、どうしても気がゆるむのも人情。

そこでおすすめなのが「周囲はすべてクライアント」だと思って日々を過ごすことです。クライアントが相手なら、できるだけ良い仕事をしようと心がけるはずですし、あいさつや表情ひとつとっても明るくしようと努めることでしょう。社内だろうが、発注先だろうが、そうした心持ちで仕事や人に接すれば、「いつも明るい」「働きやすい」と評判は上がり、成果も上がりやすくなります。少なくとも「雑だ」「変わった」とネガティブな評価を受けることはないでしょう。ちなみにコレ、長年連れ添った配偶者やパートナーにも使える手なので、心当たりのある方は、お試しください。

第4章

入社半年「真価を問われる」ためにすべきこと

4-01 守破離の「破」、そして「離」へとすすむとき

業務改善と、問題解決能力を発揮する

――少しずつ「リミッター」をはずすとき

転職してからしばらくは協調性を意識して動く、守破離の「守」の姿勢で過ごしてきたと思います。しかし3カ月から半年くらいの間に自発的に仕事ができるようになっているはず。そろそろ**リミッターをはずし、次の段階の「破」、そして「離」に向かいましょう。**

まずは「破」。転職先のやり方に合わせて、明らかに成果を出したうえで**「この仕事はこう変えたほうが成果を出せる」と、業務改善案を実行**してみましょう。コツは完全に変えるのではなく、既存のルールに軸足を置きつつ「少しだけ変える」こと。例えば営業先をガラリと変えるのではなく、これまでの営業先にプラスアルファとして「違う業界、地域にも挑みませんか？」と提案してみる。小さな改善ならば周囲も負担にならないし、やり直しも容易だからです。

そして「離」。**今いる会社や業界以外のやり方も積極的に取り入れます。**複雑化した世の中のニーズに対応できる「問題解決力」を磨き、発揮するタイミングといえるでしょう。

答えが見えない時代は
問題解決力が不可欠

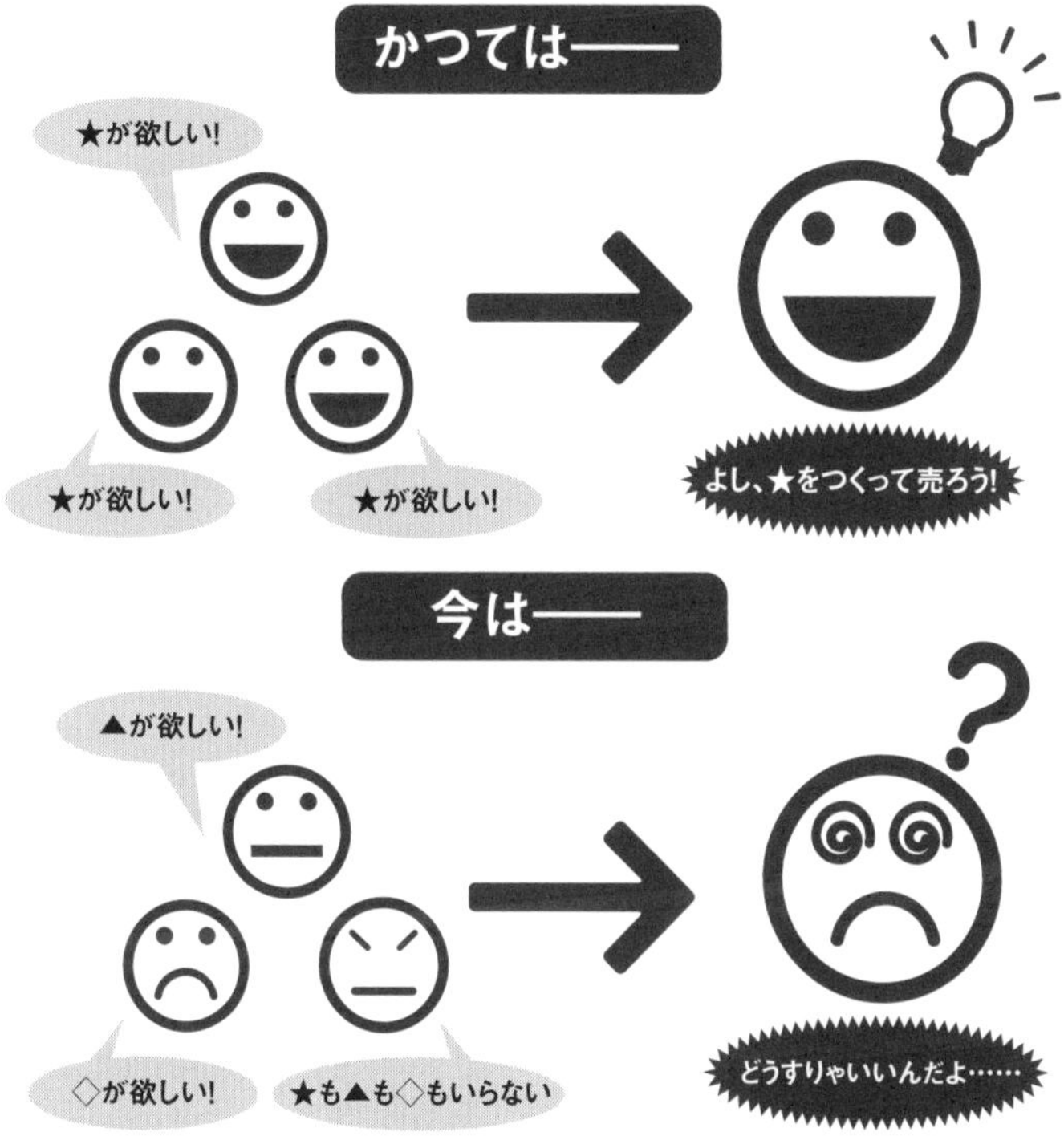

ブレイクスルーとなる斬新な発想につながる問題解決力アップが不可欠な世の中になってきた!

かつては人々が欲しいものが比較的同じで、目指す幸せの形も似通っていた。しかし、成熟した現代の日本では、人々の「欲しいモノやコト」の形は千差万別

4-02 入社半年間の成果と1年後のビジョンの確認

足りない能力が
あるかどうか
チェックをする

半年間でマスターしたことの棚卸し

入社して半年から1年は、独り立ちするための準備期間です。この期間をどう過ごすかで、転職や再就職の成否が決まるといっても過言ではないでしょう。半年経ったなら、このタイミングで改めていま一度〝目標設定〟と〝振り返り〟をしましょう。目標設定は「(今から半年経った)入社1年後、どんな成果を出していたいか、どのような仕事をしていたいか」を具体的に設定します。そのうえで「振り返り」をします。**この半年間で、自分はどんなスキルを身につけ、何ができるようになったのか、棚卸しするのです。**

「この商品の法規制はどうなっているのだろう?」「新規取引先開拓のルールはあるのだろうか」「業界用語の理解はあやふやだったかも」……。足りない能力や知識があれば、残り半年ですべてマスターできるように努力をしましょう。半年を過ぎれば、一人前とみなされ、通常、先輩たちのフォローはなくなります。そこに不安やさみしさを覚える人もいますが、客観的に見れば、やることばかり。悩んでいる暇はないはずです。

これまでの半年から
1年後の目標を

半年で獲得したノウハウや人間関係などの棚卸し

人脈
能力

戦力として活躍するためのスキルを再確認する

英語
法律
用語
性格

両者を比較して足りない能力をチェック

半年で得たスキル、ノウハウ
目標に見合った成果をあげるために必要なスキル、ノウハウ

↓

足りない能力を可視化すれば、何をどう補えばいいかが見えてくる。粛々とその溝を埋めれば、1年が経つ頃には、同僚に負けない成果を出せる!

4-03 ベンチマークは同年代

自分なりのモノサシを見つける

まずライバルを知る

会社の人件費やポストには限りがあるため、社員の評価は絶対評価ではなく、相対評価が適用されます。高い評価を得るためには、当然ライバルより高い成績をあげる必要がありますが、中途入社したあなたにとってのライバルは誰かわかりますか？

一般には同年代の社員です。社会人5年目で転職した人なら、新卒入社5年目の生え抜きの社員がライバル。常にどれだけコストをかけて、どれだけ稼げたのかを比較されます。社内に転職者が多いなど、ライバルがわかりにくい場合は、人事や上司に聞いてみましょう。「自分と同じくらいのキャリアの人は誰でしょうか。目標をもって頑張りたいから教えてほしい」などと相談すれば、普通は教えてくれます。また「営業成績がどのくらい」「顧客数はどのくらい」など、**ライバルが評価されているポイントがわかれば、自分との差が明確になるし、会社のものさしも見えてきます。**明確なものさしと目標設定ができれば、ムダなくライバルと切磋琢磨できるようになるわけです。

ライバルを知って、自分と比べる

比較されるのは、同年代の社歴5年目の社員

ベンチマーク設定のポイント例（営業の場合）

- ○その部署の経験は何年目か
- ○これまで、どんな部署を経験してきたのか
- ○取引先から、どんな点が評価されているのか
- ○顧客はどのくらい抱えているのか
- ○年間、どのくらい売り上げているのか
- ○営業手法の特徴

ライバルの仕事の特徴をつかめば、マスターすべきポイントが具体的にわかる

4-04 異業種にこそヒントがある！

情報収集力を磨こう

オフィスグリコのヒントは「野菜即売所」

問題解決力を発揮するために、欠かせないのが、適切な「情報収集」です。美味しい料理をつくりたいなら、まず食材を揃える必要があります。正しい「仕入れ」なくして、美味しい料理も斬新な発想も生まれないのです。

ただし気をつけたいのは、ビジネスにおいて情報を集めようとすると「自分の業界」の情報ばかり集めがちなこと。それだけでは当たり前のアイデアしか浮かびません。

オフィスに無料で設置する菓子専用ボックス「オフィスグリコ」というサービスがあります。菓子を食べたい人は、箱の上の貯金箱のようなところにお金を入れ、菓子をとり、補充時にスタッフが料金を回収するビジネスモデル。実はヒントになったのは路上の無人野菜即売所。菓子業界だけを研究していても出てこなかったアイデアです。**業界の常識は違う業界で新しいアイデアになり得ます。**年齢を経るごとに業界の色に染まり視野は狭くなりがちなので、日頃から意識して異業種をチェックするクセをつけておきたいものです。

違う業種の「仕組み」「売り方」「儲け方」を活かそう!

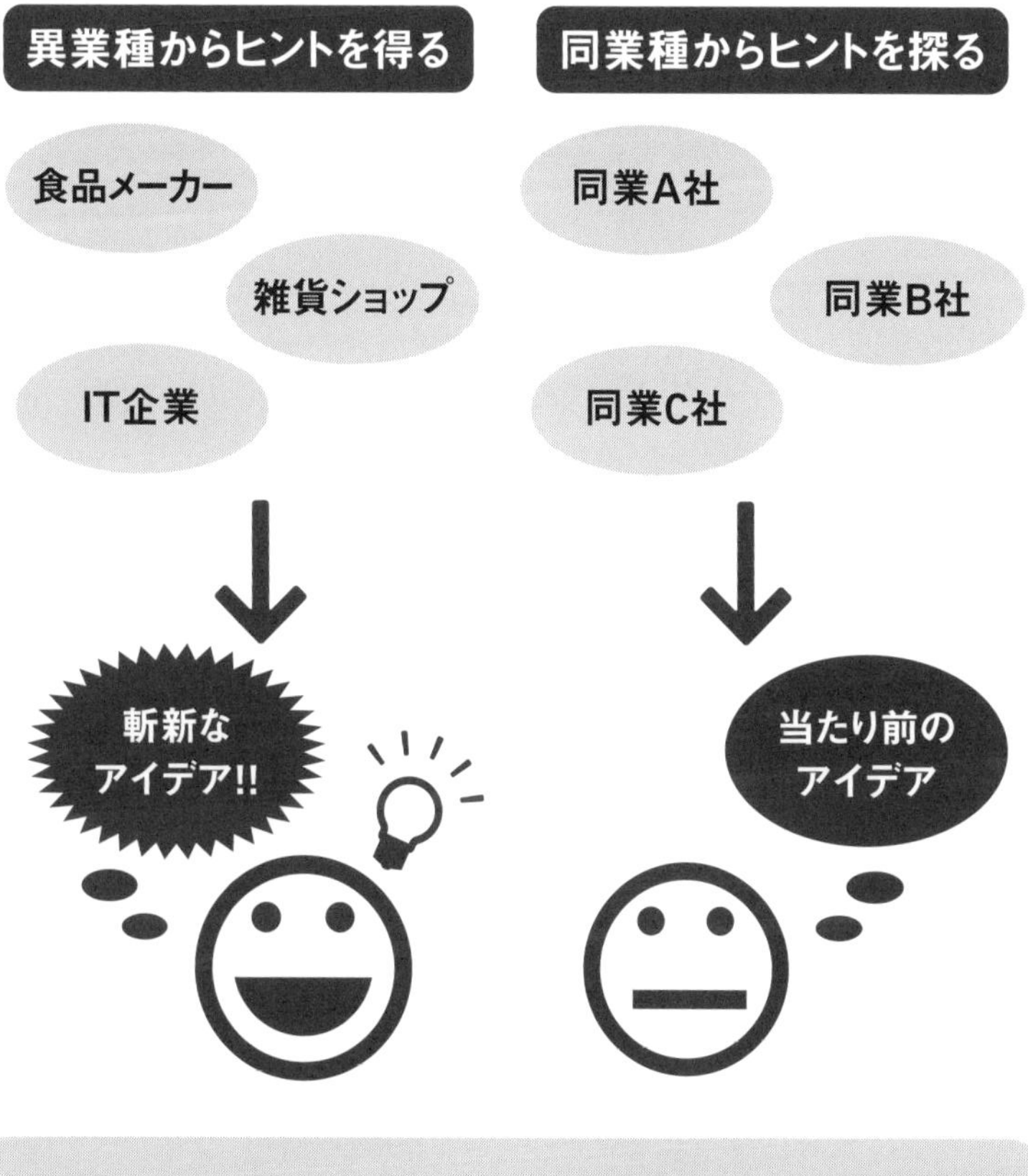
異業種からヒントを得る
同業種からヒントを探る
食品メーカー
雑貨ショップ
IT企業
同業A社
同業B社
同業C社
斬新な
アイデア!!
当たり前の
アイデア

同業他社の動向をチェックするのは当然。それだけでは「当たり前」のアイデアしか出てこない。さらに上を行く発想やアイデアの芽を見つけるには、意識して異業種を見て、使えそうなアイデアを拾い集めてみよう

4-05 自分の「興味」や「センス」を信じるな

人気商品やトレンドから目をそらさない

「好き」の感情は、自分の幅を狭める

問題解決に至る思考の幅を広げるためには、情報収集のジャンルの幅も広げる必要があります。そこで邪魔になってくるのが、あなたの「好き」という感情です。

人は自分が好きな情報は無意識にインプットするものです。例えば、あなたが日本のヒップホップが大好きならば、話題の曲は黙っていてもチェックするでしょう。しかし、好きなジャンル以外となると途端に疎くなる人は多いものです。**「好き」という感情のせいで、情報に自らフィルターをかけ、インプットの幅を狭めている**わけです。

それを避けるため「好奇心のルール化」をお勧めします。好みとは別に「今人気があるもの」には触れてみる、どんなものか試してみるのです。好みでなくても「ヒット中の映画」があればまず観てみる、話題のスポットができたら、ひとまず足を運んでみるのです。大勢が好み、お金を落とす場所には、必ず相応の理由があります。左ページに、こうした「好奇心のルール化」をまとめました。やりやすいところから実践してみましょう。

好奇心をルール化しよう

①新聞は必ず一面をチェックする

自分の関心があることだけをニュースサイトでチェックする……。それでは世の中の大きな流れをつかめない。必ず「新聞の一面」、あるいは「大手ニュースサイトのトップニュース」をチェックしよう

②人気の商品、一番の売れ筋は買ってみる

書店では「ベストセラー本」、映画は「ナンバーワン大ヒット」。自分の好みのジャンル以外でも、最も売れている商品には必ず触れよう。大勢の心を捉えている商品には、ジャンルを問わず必ず相応の理由がある

③人が多く集まる場所に行き、体験する

ラーメン好きでも「行列が絶えないうどん屋」には並んでみる。ロックファンでも「大人気のアイドルのライブ」には行ってみる。実体験でしか見えてこない本質がある

人は自分の興味のあるものしか積極的にインプットしようとしない。それでは情報の幅が狭まる。自分の興味を飛び越え、好奇心の幅を広げる「ルール」を決めてしまおう

4-06 ランチは昨日と違うメニューを選ぼう

日常を少し変えるだけでインプットは増える

「変わりたくない」DNAに逆らってみる

情報収集力を磨く上で、実践してほしいのが「日常を少しだけ変えてみる」ことです。それだけで新鮮な情報が大量にインプットされる、引き出しが増えれば発想が豊かになるわけです。ただ人は黙っていると、慣れ親しんだいつもと同じモノやコトを選びがちです。「昼食はあのコンビニの弁当」「服を買うならいつもあのブランド」といった具合です。

理由は私たち動物のDNAにあります。動物は自然と「知った環境」を好みます。しかし、同じことの繰り返しでは新しい発見がないのは言うまでもありません。問題解決力につながる発想も得られません。だから**意識して環境を変える**のです。

転職によって環境が変わるのはいいチャンス。「いつもと違うランチを食べる」「知らない駅で途中下車して散策する」「知らない作者の本を手に取る」など——。やりやすいことでかまいません。「**環境が人をつくる**」と言います。裏を返せば、見える風景、聞こえる音、出会う相手によって、人間は簡単に変われるのです。

発想力が育つ！
日常を“少しだけ”変える方法

①「いつもの出勤」を少し変えてみる

× 毎日同じ時間の同じ電車に乗って、同じ駅で降りて出社

○ たまには自転車で出勤。または違う駅で降りて出勤してみる

「こんなところにこんなお店が」「ここの景色はすばらしい」
いつもと違う景色が五感を刺激！

②「一番上のメニュー」を頼む

× ランチはいつもの店で、いつものメニュー

○ できるだけ「知らない店」に入り、「初めてのメニュー」を頼む

「このソース何だろう？」
「なぜココは女性客が多い？」
初めての一食が気づきの源泉に

③「知らない店」に入ってみる

× 食料品はスーパーA、洋服ならB店と決まった店ばかり行く

○ あえて初めてのスーパーや商店街、セレクトショップで買い物する

「街により売れ筋や客層が違う」「自分なら何を売る？」
ワクワクしつつ発想が膨らむ！

いつもの場所、いつものメニュー、いつもの道……。意識してこうした日常を変えれば、五感から入る情報が変わる。インプットが増え、刺激が増え、アイデアの芽が自然と育つ！

4-07 頭にいつも「?」を置いておこう

ひらめきを発動させるためのコツ

あふれる情報に網をはるには?

異業種に触れ、日常を少し変える。それによって思考力が磨かれるとお伝えしてきました。ここでもう一つ大事なコツがあります。頭の中にいつも「?」を入れておくことです。私たちの脳は実に都合よくできています。目の前に情報が溢れていても、興味のある情報以外は、目や耳に入らないようにできているのです。考えてみれば当然で、五感から入ってくる情報をすべて受け入れて処理しようとしたら、とても脳の容量が持ちません。

ただし、それではせっかくいつもと違う店や街を歩いても、着想のヒントや刺激を得られず、ただ漫然と時を過ごしかねません。そこで必要なのが「?」。具体的には目に見えたものに関して「なぜ?」「どうして?」と意識的に疑問をぶつける、または「自分だったらどうする?」と考えてみるクセをつけるのです。この**ちょっとした意識の持ちようがあなたの情報の蓄積を増やします。**網のようにビジネスのヒントやタネが自然とひっかかるようになり、あなたのアイデアの引き出しを増やしてくれるのです。

「?」があれば見るものすべて ビジネスのタネに!

頭の中に「?」がある人

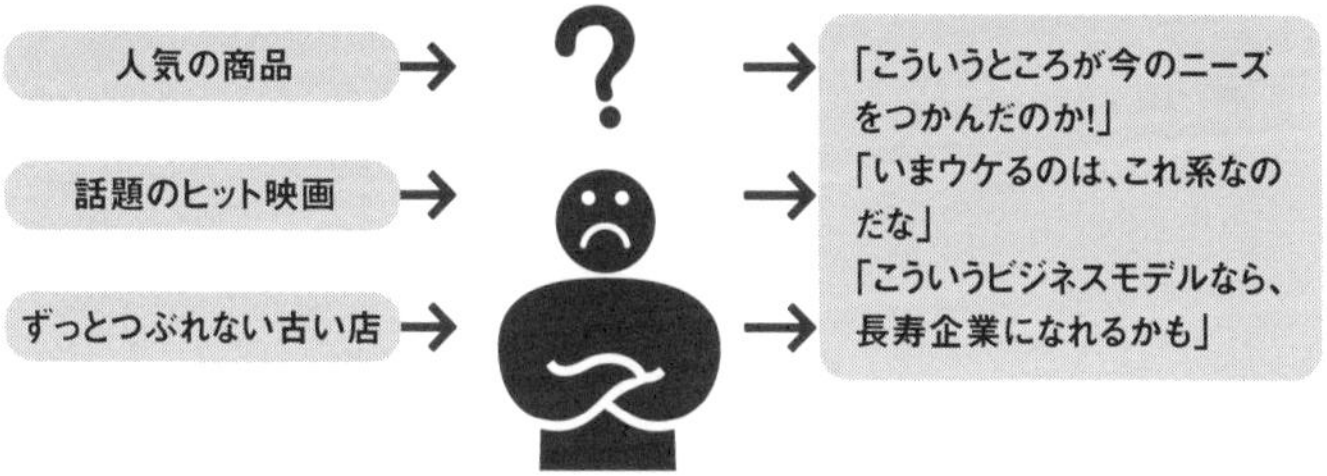

見えるもの、聞くもの、すべてに「なぜ?」を考えると、現代のニーズが見えてくる。それを自分の仕事に活かすのがデキるビジネスパーソン!!

頭の中に「?」がない人

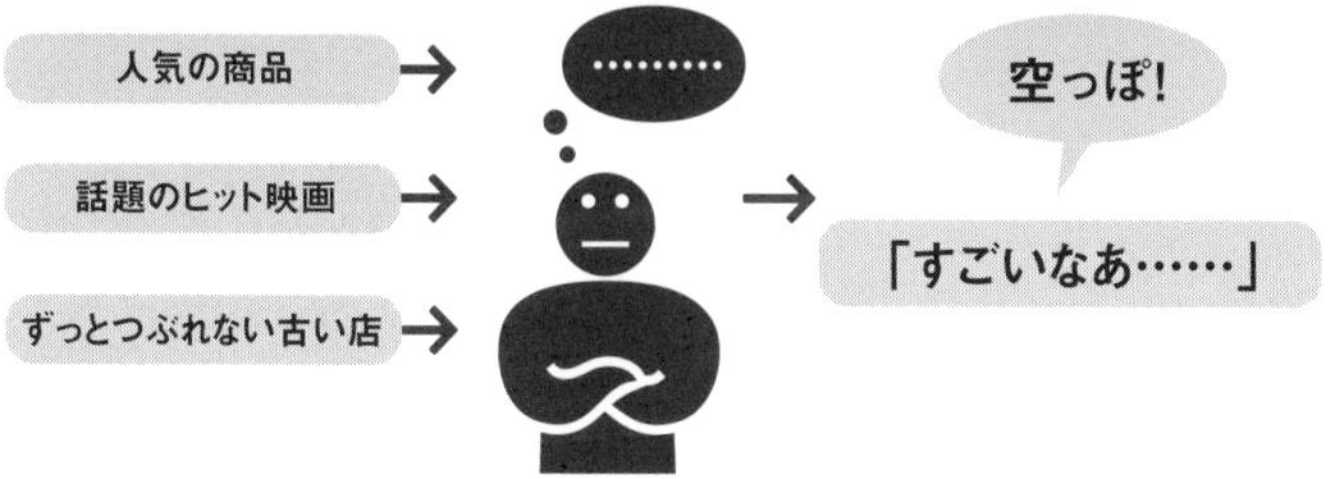

いくら情報が溢れていても、ただ漫然とそれに触れていたら何もインプットされない。むしろ「見えてこない」ことも。あまりにもったいない!

頭の中にいつも「クエスチョンマーク」を置いておくのが、情報収集のコツ。何かを見るたび「なぜだ?」「どうして?」と考える習慣をつけると、自分の仕事でも発想が豊かに!

4-08 抽象度をあげれば時代のニーズが見える

情報変換力を駆使しよう

「もっと抽象化すると？」を考える

巷の情報を仕事に活かすには「**抽象度をあげてものを見る**」こともはずせません。抽象度をあげる、とは物事を具体的だけでなく、抽象的に捉えること。例えば行列の絶えないステーキ店と老若男女に人気のネット動画配信サイトがあったとします。ジャンルは違う両者ですが、ステーキ店の人気の理由が「牧場との直接契約で安く質の高い料理をすぐ食べられる」で、動画配信サイトの人気の理由は「質の高い映画やドラマが自分の好きな時間にリーズナブルに観られる」だったとします。これを抽象的にしてかみくだくと、ステーキ店は「質の高い味を素早く楽しめる」こと、動画配信サイトも「質の高いコンテンツが素早く楽しめる」ことです。つまり、両者の人気の理由からは「時間とお金をできるだけかけたくない」という共通のニーズが見えてきます。**抽象度をあげることで世の中のニーズが浮き彫りになる**わけです。同時に違うジャンルと自分の仕事との類似点も見えやすくなる、つまり情報変換のカギが見えてくるのです。

抽象化して見ると、遠い何かもヒントになる

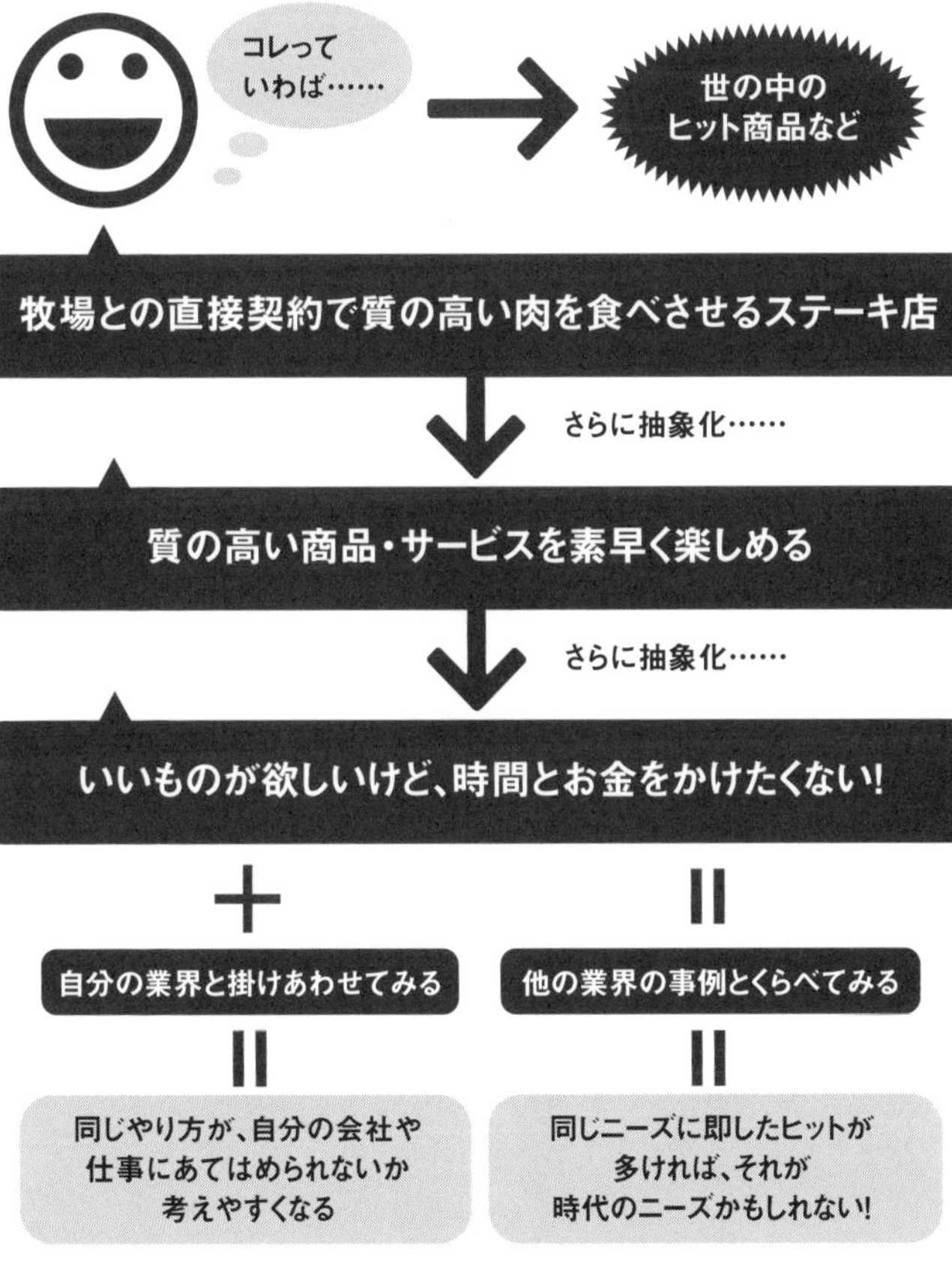

コレって
いわば……
世の中の
ヒット商品など
牧場との直接契約で質の高い肉を食べさせるステーキ店
さらに抽象化……
質の高い商品・サービスを素早く楽しめる
さらに抽象化……
いいものが欲しいけど、時間とお金をかけたくない！
＋
＝
自分の業界と掛けあわせてみる
他の業界の事例とくらべてみる
＝
＝
同じやり方が、自分の会社や
仕事にあてはめられないか
考えやすくなる
同じニーズに即したヒットが
多ければ、それが
時代のニーズかもしれない！

4-09

使ってみる、行ってみる。気になったならメモをする

できるだけ一次情報に触れて、感じる

――「外に出る」ことの意義とは？

世界中の情報にアクセスできるインターネットは、情報収集には不可欠な存在です。ただ裏を返せば、「誰しも平等に同じ情報に触れられるようになった」ということになります。そのため、かつてより「ただ知っている」ことにアドバンテージはないわけです。

だからこそ**価値が高まっているのが「実際の経験」**です。例えば「●●●●●という日本のミュージシャンが海外でも人気」という情報だけなら、ネットを介して知る人は多いでしょう。しかしそのバンドのライブを体験したビジネスパーソンは、ファンや関係者以外ではぐっと減ります。**一次情報を知る人は、ネットなどでは見えてこない〝場の空気〟も感じ取った上で、臨場感や熱量のある情報を語れます。**

だからこそ、会議の席などで「実際どうだった？」と多くの人が聞く耳を持ってくれますし、企画書などに加えたときも説得力が生まれます。つまり圧倒的なアドバンテージになるのです。

インターネットで知った情報は「経験」につなげる！

このイベント、
盛り上がっているなあ
WEBPAGE HEADLINE
SEE MORE
「知っている」
「行ってみた」
「おもしろいよね」だけでは得るものはゼロ。情報は使えるようになってこそ意味がある
ネットは情報を得る入り口。実際の行動を変えてこそ、ビジネスに活きる発想は根付く

経営学者として知られるP.F.ドラッカーは、イノベーションのきっかけを得るには「外に出て、見て、問い、聞かなければならない」と言っている。ネットで知ったつもりになるだけではなく、ネットで興味を得たなら、体験してみる

4-10 気になったモノがあったらスマホで撮影

メモ感覚で発想力UPの教材づくり

「何か気になる」には「何かある」

インスタグラムやフェイスブックなどのSNSで、日常的に自分が撮った写真をアップロードして情報発信や交流をしている人も多いと思います。

こうした**スマホで写真を撮る行為も、発想力を鍛える**ことになります。例えば、休日に街を歩いているときに気になった店を撮るのです。こうして撮った画像を後で見返すと「このショーウインドウはお客さんのことを考えていないな。自分ならこうするのに……」など、自由に深掘りする思考実験の材料になります。

答えが見えない状況ながら「気になるモノ」としてあいまいなまま画像でメモをしたからこそ、後であなたが考える「余白」が増えるのです。「いつ役立つか」「何に役立つか」を考え過ぎると、限られた情報だけの偏った思考になります。

「おや?」と気になったら撮る。そんな遊び感覚が思考の幅を広げ、結果として会議やプレゼンでの発言が、ひとあじ違ってくるはずです。

気になった「何か」は画像メモで記録する

おや?
カシャ
※店内での撮影はお店の許可が必要な前提で

気になる何かを見かけたら、ひとまずスマホで撮影しておく。理由づけや分析を意識すると億劫になって撮影する機会が減る。間口は広く!

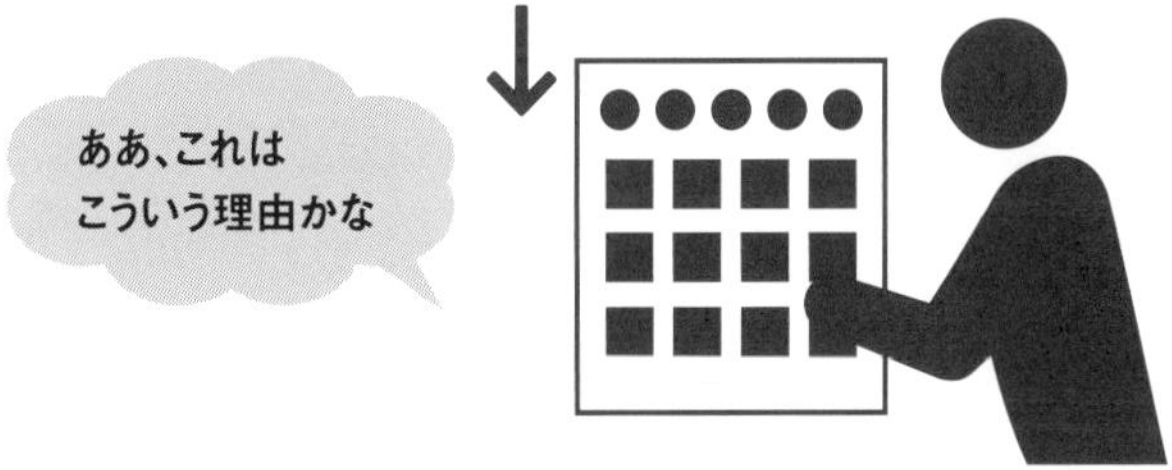
ああ、これはこういう理由かな

ちょっとした時間や、思い出したとき、画像ファイルを見返すと、なぜ自分がその対象を気になったのか、理由や狙い、改善点が見えてくる。自然と発想力が磨かれる

コラム

無料のオンライン講座を活用しよう

「この分野の知識が弱い。勉強しなくちゃ……」

新しい職場で仕事をしていると、自分の知識不足を感じることがあるかもしれません。勉強の方法はいろいろありますが、注目したいのは「無料のオンライン講座」です。

例えば、「JMOOC」(https://www.jmooc.jp/)は一般社団法人日本オープンオンライン教育推進協議会が運営している、無料オンライン講座のプラットフォーム。サイトをのぞいてみると、「ブロックチェーン入門」「社会人のためのデータサイエンス演習」「Webで学ぶJavaScript」といったIT・情報系から、経済学、法学、電子工学、機械工学まで、社会人が学びたいジャンルの講座が幅広く並んでいます。講師陣も東京大学や東北大学、早稲田大学などで教鞭を取っている人が揃っています。

また、「資格スクエア」(https://www.shikaku-square.com/)は社会保険労務士や行政書士、宅地建物取引士などの資格試験に関するオンライン学習サービス。入門講座は無料で見られます。好きな時間に自分のペースで学べるので、活用してみては?

第5章

入社1年目にはクリアしたいコミュニケーション力

5-01 必須スキルは「話す」より「聞く」

人は自分の話を聞いてくれる人に好感を抱く

「ええ」「うん」に気をつけよう

コミュニケーションというと、「話す」ことがクローズアップされがちですが、それ以上に重要なのが、「聞く」ことです。

なぜなら、**人は自分の話を聞いてくれる人に好感を抱く一方、話を聞かない人に悪い印象を持つ**からです。入社したての頃は、上司や先輩から、仕事の進め方や考え方を「聞く」機会が多いはず。そこで、ちゃんと話を聞いていないとみなされると、仕事に必要なノウハウや情報を教えてもらえなくなります。緊張感を持って話を聞きましょう。

話を聞くときに押さえておきたいポイントを左ページにまとめました。**とくに気をつけたいのは、あいづちの打ち方**。目上の人に対して、「ええ」「うん」「はぁ」などというあいづちを打つ人がいますが、これは非常に失礼な行為です。また、「はい」はいいのですが、「はい、はい、はい」と何度も続けざまに言うと、「本当に聞いているのかな？」と疑われてしまいます。クセになっている人は、意識的に直しましょう。

押さえておきたい「聞く技術」の基本

相手の鼻のあたりを見る

聞いていることを示すには、話している相手の顔を見ることが大切だが、相手の目をじっと見るのは苦手な人もいるはず。また、相手も話しづらい。鼻のあたりを見るのがおすすめ

あいづちを打つ

はい
そうなんですか

自分が話をしているときに、相手が無反応だと、「聞いていない」とみなされる。「はい」「そうなんですか」など、相手の話に合わせてあいづちを打とう

途中で話をさえぎらない

それでね この話は
ところで

相手が話しているのをさえぎって、自分の話をしようとする人がいるが、相手は一発で不愉快になる。話は最後までじっくり聞ききろう

メモを取る

メモメモ

話を聞いているとき、メモを用意しないのは言語道断。メモを取らないとしても、姿勢をみせることが重要

5-02 上司と部下が相思相愛になるには

長所や尊敬できる点を見つけて好きになろう

「嫌われているな」と思えば、上司もあなたを嫌いになる

ロジカルシンキングや会計力などのビジネススキルを高めても、それだけでは仕事はうまくいきません。仕事は上司や取引先など多くの人に協力してもらうことが不可欠。そのためには、仕事で関わるすべての人と良好な関係を築くことが大切です。

とくに、上司との関係は良好に保っておきたいところでしょう。そのためのポイントはいろいろありますが、最も重要なのは「上司を好きになる」ことです。

部下が自分に対してどんな感情を抱いているかを、上司は発言や態度からなんとなく見抜くものです。「嫌われているな」と思えば、当然、上司もいい気はしません。すると、つい厳しくあたったり、敬遠したりするようになります。

好き嫌いは仕事には無関係ですが、嫌われて得をすることもありません。

上司を好きになるためには長所や尊敬できる点に目を向けること。他は見ないことです。感情は不思議と空気感染するので、陰口も言わないに越したことはありません。

コミュニケーションの第一歩は相手を好きになること

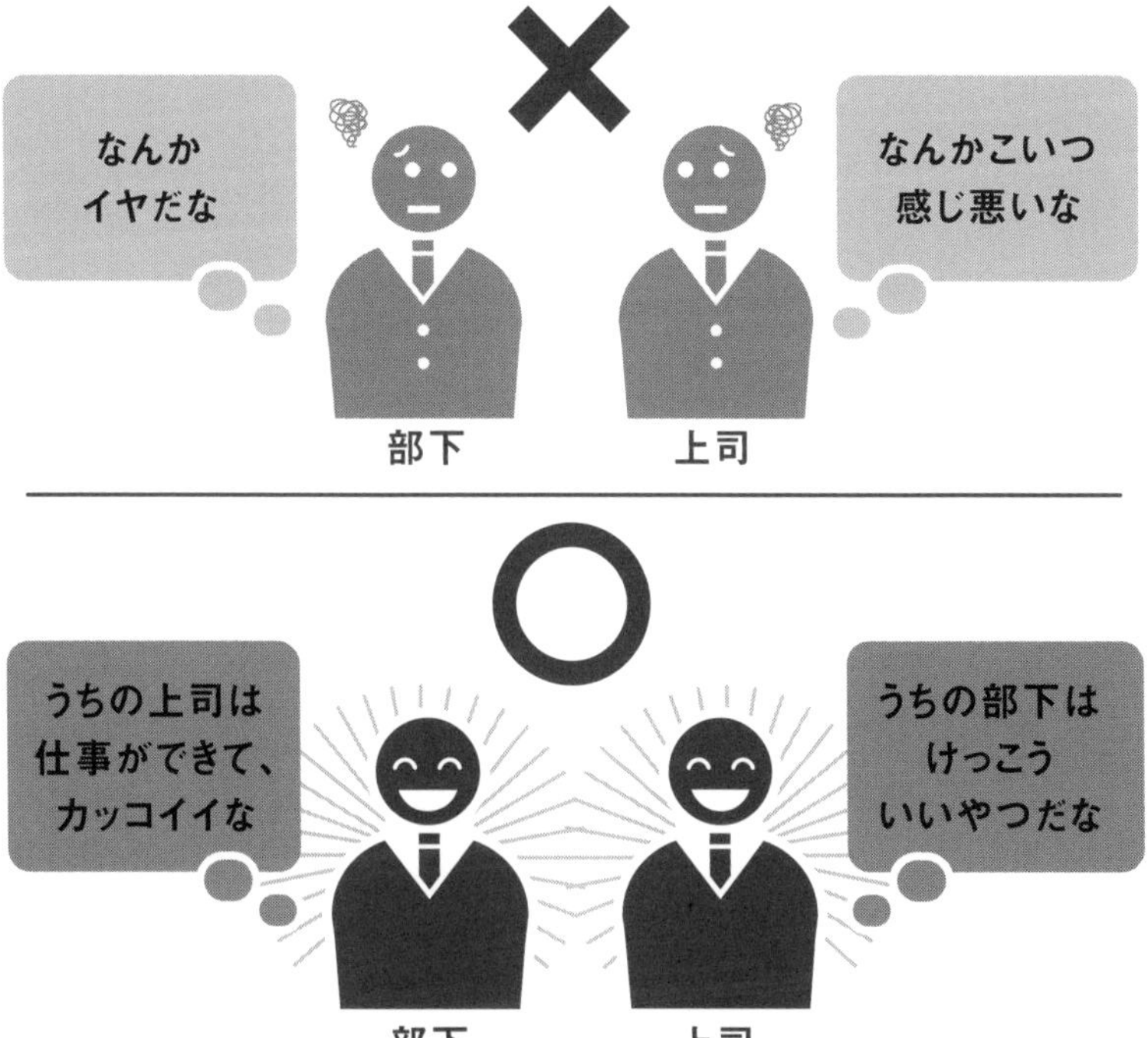

上司は仕事のパートナー。良好な関係を作ることが大切

人間関係は「鏡」のようなもの。嫌いな相手には、「嫌い」という感情が伝わり、相手もあなたのことを「嫌い」になるものだ。良好な人間関係を築きたいなら、自分から相手を好きになること。誰と付き合うときも、相手の良い面を見るように心がけよう

5-03 「質問力」を武器にしよう

早く成長したいなら
どんどん質問しよう

具体的に聞くことで、求める答えが返ってくる

仕事の実力を早くつけたいなら、上司や先輩にどんどん質問することが大切です。会社の仕事のノウハウを得るには、そこで働いている人に聞くのが一番の近道。比較的忙しくなさそうなタイミングを見計らって話しかければ、迷惑顔をされることもないでしょう。

上司や先輩から**うまく知恵を引き出す質問のコツは、できるだけ具体的に聞くこと**です。「どうすれば新規顧客を開拓できるのでしょうか？」というように、抽象的な聞き方をすると、自分が求めていたものとは別の答えが返ってくることが多くなります。効果的な質問の一つは、「営業のトークを、こんなふうに変えてみようと思うのですが、どうでしょうか？」と自分なりに考えた方法を投げかけること。すると、上司や先輩も答えやすいですし、いったん自分で考えるので、より成長につながります。

やってはいけないのは、**ネットで調べればすぐにわかるようなことをいちいち聞くこと。それは他人の時間を奪っているのと同じ**です。

上司や先輩への質問は
できるだけ具体的に

✕ どうすれば売れるようになるでしょうか?

○ 飛び込み営業をするときに、
このような方法を試そうと思うのですが、
どうでしょうか?

○ 相手との話は弾むのですが、
うまくクロージングにもっていけません。
クロージングのタイミングを計るコツは
あるのでしょうか?

○ プレゼン資料として、A案とB案を考えたのですが、
どちらの案が良さそうでしょうか?

○ 見込み客向けに、自作の簡単なパンフレットを
つくってみたのですが、これで商品の魅力が
伝わるでしょうか?

抽象的に聞くと、自分が求めているのと違う答えが返ってくる可能性が高い。具体的に聞くことで、自分の求める答えが返ってくる

5-04

「根回し」なしに大きな仕事はできない

反対派を取り込めるかどうかがポイント

上司のやり方を見て、今のうちから学んでおこう

組織で仕事をしていくなら、欠かすことができないのが、「根回し」。会議や打ち合わせの前に、キーパーソンに話をして、合意を取っておくことです。

根回しを姑息な処世術だと思う人がいますが、まったくの誤解です。仕事は規模が大きくなればなるほど、様々な部署の人を巻き込む必要がありますが、部署が違えば思惑はまったく異なります。例えば新規事業に対して「ぜひやりたい」と考えている部署もあれば、「通常の仕事に支障をきたすから協力したくない」と考えている部署もあります。その思惑を汲みとらずに会議を進めると、いつまで経っても話が進まなくなります。強引にことを進めたら、必ず妨害にあうでしょう。それを防ぐためには根回しが不可欠なのです。

社歴が浅く、社内事情がわからない中途社員は根回しをする機会はないでしょうが、根回しをしている上司に協力することはあるかもしれません。そのときには、上司のやり方をしっかり見て、学びましょう。

今から学んでおきたい「根回し」のコツ

キーパーソンが誰かを見分ける

根回しで重要なのはすべてのキーパーソンに話を通すこと。「聞いていない」という人が一人でもいると話がややこしくなる。キーパーソンは単に地位が高い人とは限らず、「周囲から尊敬されているスーパーエンジニア」のような人も含まれることがあるので、注意しよう

賛成派から話を通していく

まずは「誰が自分の意見に賛成してくれるか」を見極めて、その人たちから話をしていこう。賛成派が多いほど話が通しやすくなるし、賛成派の人に口ぞえしてもらうことで、反対派が首を縦に振ってくれることもある

「説得」ではなく「相談」する

反対派を説き伏せようとすると、かえって反発を食らうもの。大切なのは「相談に乗ってもらいたい」というスタンスで話をすること。すると、反対派も建設的な意見を述べてくれる。その意見を加えた案にすると、OKがもらいやすくなる

5-05 クレームは「傷ついているから」生じる

お客様の気持ちを癒やすことが基本

クレームを入れるお客様に対して感謝しよう

仕事をすると避けては通れないのが、クレーム対応です。自分にミスがなくても、たまたま取った電話がクレームの電話ということもあります。すごい剣幕で怒るお客様に対して「勘弁してよ」「ついてないな……」というのが正直な気持ちでしょう。

しかし、**クレームは、自分が気づかなかったことに気づき、改善できる絶好の機会**とも言えます。そう考えれば、感謝すべきことだと言えるでしょう。

お客様がわざわざクレームを言うのは、あなたの会社に期待していたのに、裏切られ傷ついているから。その気持ちを癒やすことが重要です。不満をすべて吐き出してもらった上で、すぐに返品に応じるなど、すばやく対応しましょう。入社したてだと難しいかもしれませんが、「同じミスが二度と起こらないよう検品を強化します」などの再発防止策も述べられれば理想的。お客様は「自分のクレームが役に立った。ミスを認めるきちんとした会社だ」と感じ、これからもあなたの会社のサービスや商品を愛用してくれるでしょう。

クレームをどうとらえるかで、成長速度は変わる

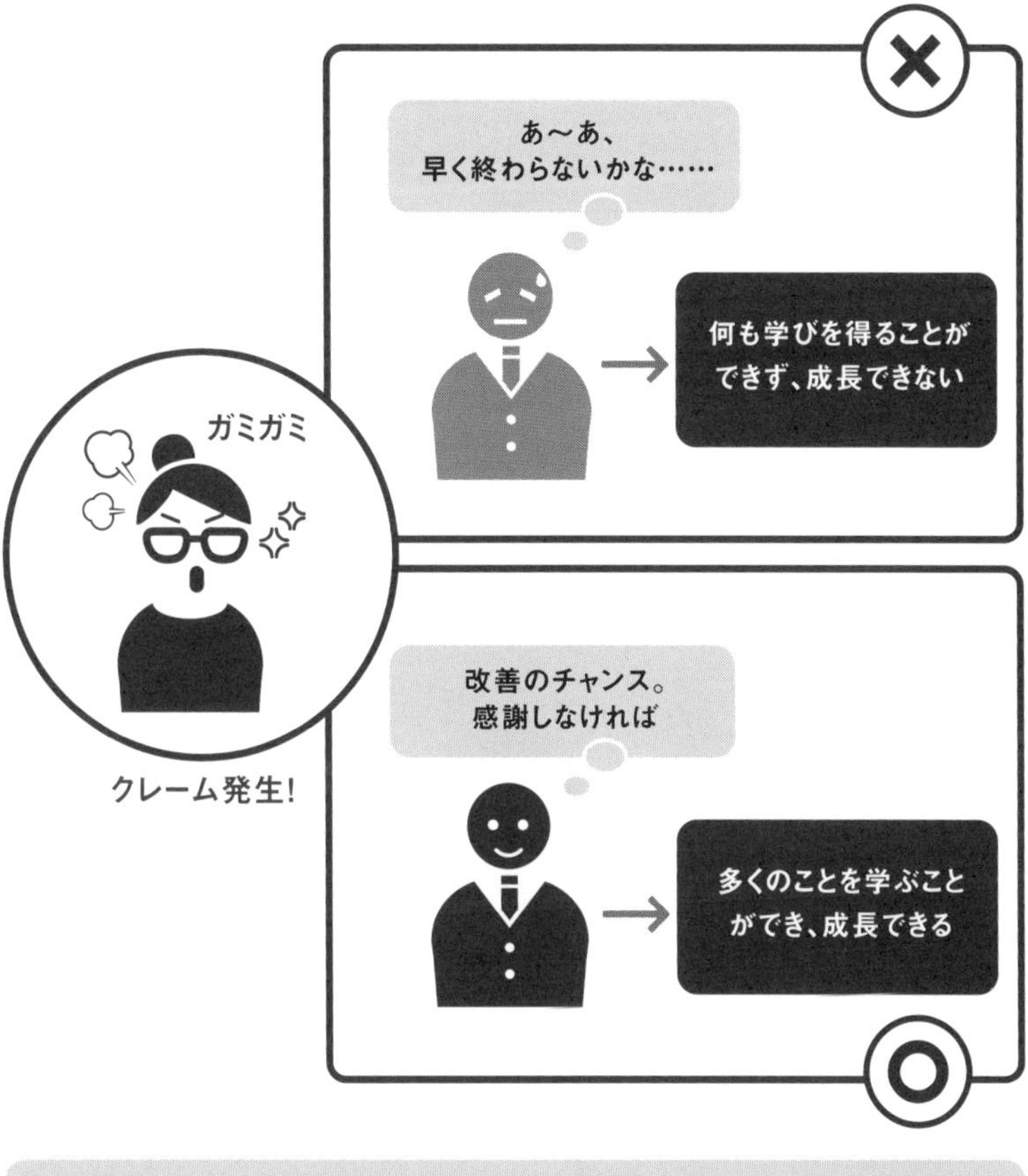

クレームを「改善のチャンス」ととらえるか、「嫌なこと」ととらえるか。その姿勢の違いは、10年も経てば、とんでもない差となって表れる

5-06 コミュニケーション手段を使い分ける

何でもかんでもメールは×

正解は一つではない。相手の好む方法を選ぶとよい

プライベートの連絡はもっぱらLINEやメール、という人は多いかと思いますが、仕事の場合、内容によっては、メールだと失礼だと思われることもあります。例えば、上司や取引先に謝罪するときに、メールで簡単にすませたら「誠意が伝わってこない！」と怒りを増幅させるかもしれません。**伝える内容に応じて、適した連絡手段を選びましょう。**

連絡手段の向き不向きをまとめたのが左の表です。込み入った内容の会議や相談は対面がベストですが、新型コロナをきっかけにウェブ会議も利用されるようになりました。待ち合わせ場所や時間など、記録に残したほうがよいものはメールが適しています。最近は簡単な相談事ならビジネスチャットが最も手軽で良いと考える人も増えてきました。

ただし、正解は一つではありません。謝罪も、人や場合によっては「メールで十分」とされることもあります。一つの目安になるのは、相手の好む方法でやり取りすること。電話を多用する人なら、こちらも電話を使えば、大きく外すことはないでしょう。

連絡ツール、どれを選ぶのが正解？

	長所・短所	向き・不向き
メール	○ 記録を残せる	○ 数字などの正確性を要すること（待ち合わせ場所・時間、商品などの発注）
	○ 相手の時間を奪いにくい	○ 簡単な伝達事項・相談事
	× 感情が伝わりにくい	× すぐに確認したいこと
	× 返信が遅れる場合がある	× 謝罪
チャット	○ スピーディにやり取りできる	○ 簡単な伝達事項
	○ 記録を残せる	○ 簡単な相談事
	× 相手の時間を奪うことがある	○ すぐに確認したいこと
	× 感情が伝わりにくい	× 謝罪
ウェブ会議	○ メールより感情が伝わりやすい	○ 相談事
	○ 記録に残せる	△ 簡単な伝達事項
	× 相手の時間を奪うことがある	△ 謝罪
電話	○ すぐに連絡が取れる	○ すぐに確認したいこと
	○ メールより感情が伝わる	○ 簡単な相談事
	× 相手の時間を奪うことがある	△ 謝罪
	× 記録が残らない	× 数字などの正確性を要すること
対面	○ 最も感情が伝わりやすい	○ 相談事
	△ すぐに連絡が取れるが、アポがとれないときもある	○ 謝罪
		△ 簡単な相談事
	× 相手の時間を奪うことがある	△ すぐに確認したいこと
	× 記録が残らない	× 数字などの正確性を要すること

正解は一つではない。相手の好む最適なやり取りを心がけよう

5-07 ビジネスメールは何が違う？

忙しい相手に負担をかけないようにまとめる

――ちょっとした返信があるかどうかで、相手の気持ちはまるで違う

ビジネスのメールを送るときは、相手に対する様々な気遣いが必要です。まず大切なのは、**「短時間でパッと読めるような文章を書く」**ことです。ダラダラと長文を送ると、読むのに時間がかかり、忙しい相手をうんざりさせてしまいます。これでは、伝えたいことが伝わらなくなる恐れもあります。左ページの文例のように、箇条書きを使って端的にまとめましょう。

メールがきたら、こまめに返信することも重要です。日程などの伝達や資料送付などのメールが来たとき、何も返信しない人がいますが、相手は届いているのかがわかりません。「ありがとうございました」「承知しました」といった簡単な返信でも、あるとないでは相手の心証はまるで違います。**返信は24時間以内が原則**です。すぐに返信できない内容なら「検討させていただいた上で、改めてご連絡申し上げます」と、その旨を素早く伝えます。「明後日までにはご回答いたします」と回答時期の目安も書いておきましょう。

ビジネスメールは、ここに注意！

To

Cc

件名 「XYZ」打ち合わせ日時の件

件名をちゃんと書く
「ご連絡」などのシンプルな件名や、「@@社の××です」といった名前を書いた件名は、何の用件かわからず、受け取ったほうは整理しづらい。できるだけ具体的に書こう

株式会社○×　　鈴木様

お世話になっております。
△○の山本です。

雑誌「XYZ」への広告出稿の件ですが、
以下について御社にて打ち合わせをさせていただければ、と考えております。

・掲載スペース
・掲載月
・掲載内容の詳細

シンプル&コンパクトに
ダラダラと書いてあると読む気がしなくなる。できるだけシンプル&コンパクトにまとめよう。箇条書きを使うとスッキリ読みやすくなる

日程ですが、以下のいずれかでいかがでしょう

・3月22日（月）13:00〜14:00
・3月23日（火）11:00〜12:00か、14:00〜15:00

ご検討くださいますよう、よろしくお願い申し上げます。

〒100-0000
東京都中央区銀座0-0-00
（株）△○　山本 和夫
TEL：03-0000-0000　FAX：03-0000-0
mobile：090-0000-0000
E-mail：xxxxx@xxxxx.xxx
URL：http://www. ×××××××.×××

署名を入れる
メールの最後には、署名や電話番号、住所を入れよう。それを見て、電話をしたり、宅配便や手紙の宛名を書いたりする人は意外と多いからだ

5-08 スラックなどのチャットツールをうまく使おう

絵文字を効果的に活用しよう

気軽だからと頻繁に送りすぎるのは×

近年、スラックやチャットワークなどのビジネスチャットが、様々な職場で普及してきました。ビジネスチャットの長所は、他の連絡ツールよりもスピーディにやり取りできることです。また、プロジェクトメンバー内で情報を共有するツールとしても適していま す。新しい職場で盛んにチャットが使われていたら、あなたも積極的に使いましょう。

ただ、メッセージの送り方は注意したほうが良いでしょう。メールの文章は無機質で真意が伝わりにくいと言われますが、チャットの場合はメールよりもさらに短い文のやり取りなので、書き方によっては冷たく見えてしまい、さらに真意が伝わりにくくなります。

誤解を防ぐ方法として活用したいのは「絵文字」です。「ビジネスのやり取りで絵文字を使っていいの？」と思うかもしれませんが、チャットならむしろ使うべきです。スラックにしてもチャットワークにしても**絵文字機能があるのは、設計者がそれを必要だと考えているから**です。

ビジネスチャット・活用のポイント

1. 短い文章でやり取りする

長文は読みづらいので、できるだけ短くする。また「お世話になっております」のような形式張ったあいさつは不要

2. 絵文字を使ってやわらかい印象に

〇〇太郎 17:08
ありがとうございます！
引き続きよろしくお願いいたします
1

ビジネスチャットには絵文字ひとつで返事ができる機能がある。それを使うと会話がやわらかい雰囲気になるし、入力の手間も省略できる。文章内で絵文字を適度に使うのもアリ

3. 何でもかんでも送らない

メッセージの送り過ぎに注意。Slackは「@everyone」、チャットワークは「TO ALL」を選ぶことで、そのグループ全員に通知が送れるが、何でもかんでも全員に通知すると、関係ないメッセージまで通知されて迷惑になることも

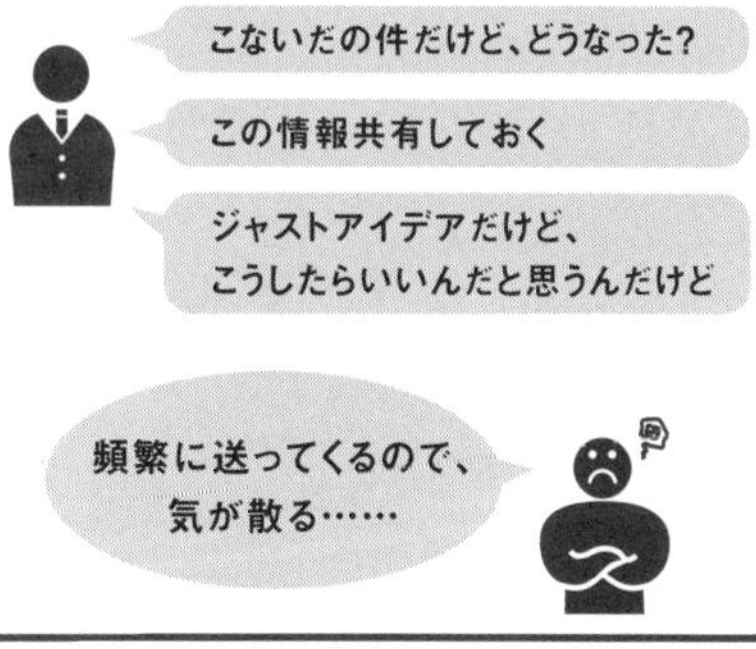
こないだの件だけど、どうなった?
この情報共有しておく
ジャストアイデアだけど、
こうしたらいいんだと思うんだけど
頻繁に送ってくるので、
気が散る……

会社によっては、深夜や休日に送るのを禁止していることもある。禁止していなくても嫌がられることがあるので、気をつけよう

5-09 飲みニケーションは必要か？

入社当初は参加して損はない

自らオンライン飲みを主催するのもアリ

歓送迎会や決起集会、仕事帰りの上司との飲み……。いわゆる「飲みニケーション」ですが、最近は誘いを断る人も増えてきました。新型コロナウイルスの影響もあり、「オンライン飲み」がおこなわれるようになりましたが、それも断る人が少なくないようです。

しかし、**会社というのは、今もなお、人情で動いている世界**です。飲み会で上司や先輩との距離を縮めておけば、相談しやすくなったり、仕事のチャンスが与えられたり、ピンチのときに助けてもらえたりするものです。これまでは断ってきたという人も、入社したての頃ぐらいは、参加して損はないでしょう。

もし新しい職場が飲みニケーションに消極的だったら、**自らオンライン飲みを企画して、新しい職場の上司や同僚を誘っても良い**ぐらいです。そのときは、自分のプライベートの話をした上で、上司や同僚のプライベートについても聞いてみましょう。互いの人となりがわかることで、親近感が生まれ、仕事にも好影響をもたらすはずです。

ひと目でわかる「自己紹介シート」を用意しよう

名前：マイナビ太郎
生年月日・年齢：1985年3月10日（魚座・35歳）
出身：福岡県
今の住まい：北千住
家族構成：妻、息子1人（小学1年生）
趣味：サッカー（子どものチームのコーチもしています）
料理（カレーはスパイスの調合からやっちゃいます）
得意なこと：手品（トランプを使った手品は20種類ぐらいできます）
苦手なこと：水泳（かなづちです）
性格：好奇心旺盛、怖がり

オンライン飲み会で自分の人となりを知ってもらうためには、パワーポイントで「自己紹介シート」を作っておくのも手。オンライン飲み会はオフラインと違って、口頭で話しても伝わりにくい。このシートを画面に表示しながら話すことで、その弱点を補える。自己紹介シートは、アレンジすれば、営業の場でも使える

5-10 遅刻しそうになったら？

少しでも遅刻しそうだと思ったら早く連絡を

―― デキるビジネスパーソンは30分前に客先へ到着する

寝坊や電車の遅れで、遅刻してしまった……。会社に遅れるのも問題ですが、取引先とのアポに遅刻するのは大問題。入社早々、いきなり信用を失いかねません。

そんなときこそ、焦らずに、冷静な対応を。**遅刻する可能性が高いと感じたら、できるだけ早く連絡し、遅刻することと到着予定時刻を伝えましょう**。30分以上前に言えば、相手もそれに合わせて予定を調整できます。

人身事故や降雪などはやむを得ない事情ではありますが、そうしたことを見越して行動するのが、デキるビジネスパーソン。早め早めに行動することが大切です。**待ち合わせの場合は、到着予定時刻より10〜20分前に到着するようにすれば、少々のアクシデントには対応できる**でしょう。あるトップセールスマンは、客先を訪問するときには、30分以上前に現地入りをして、近くの喫茶店などで待機しているそうです。また、電車の乗り換えルートも複数頭に入れておくと、瞬時に切り替えて、行動することができます。

遅刻の可能性が少しでもあったら すぐに連絡を!

人身事故が発生し、電車がストップ!

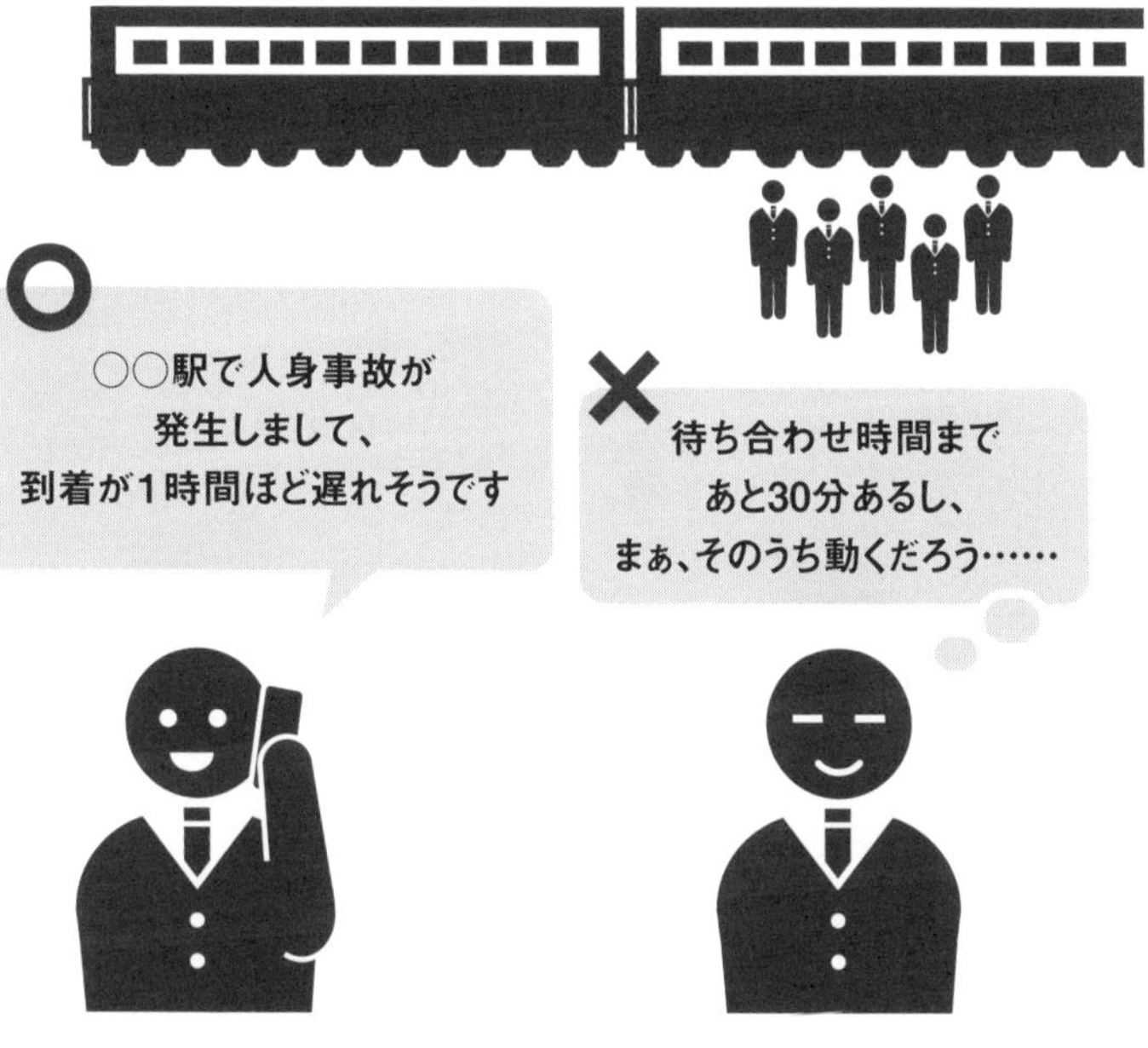
○
○○駅で人身事故が発生しまして、到着が1時間ほど遅れそうです
×
待ち合わせ時間まであと30分あるし、まぁ、そのうち動くだろう……

「そのうち動くだろう」と悠長にかまえて、何も手を打たずにいると、長引いたときに、取引先や会社の人に迷惑がかかる。少しでも遅刻の可能性があったらすぐに連絡を。運転再開の見通しがつかなければ、「到着時刻の見込みがつき次第、改めてご連絡いたします」と伝えよう

5-11 SNSの友達申請がきたら？

断っても良いが、場合による

課やチーム全体で使っているなら、つながっておくのが賢明

近年、悩む人が増えているのが、職場の人とのSNSの使い方です。「できれば、同じ職場の人と、フェイスブック（FB）やLINEではつながりたくない」。そう考えている人は少なくないでしょう。FBでつながればプライベートの自分の姿が見られてしまいますし、FBメッセンジャーやLINEは「既読機能」があるので、「既読スルーするなよ」と言われるのが怖いというのもあるでしょう。

しかし、すでに課やチームでLINEなどのグループをつくっていて、上司や先輩が頻繁に業務連絡をし合っているなら、断らずにつながるしかありません。それを踏まえると、**LINEやFBには誰かに見られて困るような投稿は控えたほうがよい**でしょう。LINEに関しては携帯を2台持ちして、仕事用とプライベート用を分けるのも一つの手です。

ただ、仕事で使っているわけではないのに、上司から友達申請がきた場合は、「完全にプライベートで使っているので、申し訳ありません」と断ってもよいでしょう。

SNSでやってはいけないこんなこと

会社の出来事を不用意に投稿する

不用意な投稿は、会社の機密情報を漏らす元になるので、やめておいたほうが無難。投稿するときには、文章・写真共に細心の注意を払おう

上司や取引先の悪口を書く

上司や取引先とつながっていなくても、伏せ字で書いても、悪口を書くのは危険。どこでどう伝わるかわからない。また、ネガティブな投稿はあなたのイメージダウンにもつながる

初対面の取引先に友達申請する

友達の数を増やしたいからといって、まだ気心が知れていない取引先の人に友達申請すると、嫌がられる。OKしてもらえたとしても、渋々の場合もあるので、ご注意を

5-12 困ったときに頼れる人脈をつくるには？

まずはこちらが「ギブ・アンド・ギブ」で

人脈とは「何かをしてくれる人」ではない

「この分野なら彼に聞けばわかる」「この手の案件はBさんがくわしいので相談しよう」そんな頼れる人脈を持つ人は、より優れた成果をあげられるものです。

ただし、こうした良き人脈は、簡単にできるものではありません。どうすればできるか？ズバリ、**あなた自身が「相手が困ったときに、何かしてあげられる人間」になること**です。

当たり前ですが、相手だって「困ったときだけ頼りにくる」「いざとなったらあいつに押し付けてしまえ」などというタイプの人とはつきあいたくありません。「いざとなったときに頼りになる」「困りごとがあったらいつでも聞いてくれる」、そんな人こそ信頼が置けて、ぜひ親しくなりたいし、「お返しに何か力になりたい」と感じるものです。

人脈とは「何かをしてくれる人」の総称ではありません。むしろ、これと真逆。**人脈とは「自分が何かをしてあげられる人」の総称**です。まずはこちらがギブ・アンド・ギブの姿勢を示すこと。すると、その関係が、いざというときに大きな力となってくれます。

良き人脈の作り方

頼れる人を目指して、とにかく与える!

何か手伝えること
ありますか?
困ったな……

いつしか……

困ったな…
何か手伝えることは?

与え続けると、むしろ与えられる側になる。その原理は心理学で言う「返報性の法則」が関わると言われている。人は何かを施されると「何だか申しわけない」という罪悪感が芽生え、そのうち「お返ししたい」と思いはじめる

コラム

情報漏えいは意外なところでも起こる

ドラマ『半沢直樹』で、主人公たちが行きつけの店で会社の内部情報を話しているのを見て、「無防備過ぎない?」と思った人は少なくないでしょう。
情報漏えいに関しては、今やどの会社でも神経質になっています。転職先でも、とくに外出時には細心の注意を払いましょう。

居酒屋はもちろん、カフェや電車内で、会社や顧客の機密事項を話さないのは鉄則。携帯電話は第三者に話を聞かれないところでかけましょう。ウェブ会議をカフェでおこなうのも言語道断。話さなくても、電車内や喫茶店でスマホでメールチェックをしたりノートPCで仕事をしたりすると、周りの人に丸見えになることがあるので、気をつけましょう。

意外と盲点なのは、社内での情報漏えい。「パソコンなどのパスワードを机に貼る」「社外秘情報が書かれた書類を、シュレッダーをかけずに捨てる」などをすると、出入りする取引先の人に見られ、会社としての信頼をなくしたり、トラブルにつながったりすることもあります。このようなことも慎みましょう。

第6章

モチベーション管理と結果の出し方

6-01 簡単な仕事からステップアップ

「この仕事をさせたら損」と思わせる

上司が恐れるリスクは「部下の失敗」

即戦力を期待されて入社したはずなのに、「配属先の上司が実力に応じた仕事を与えてくれない」。こんな例は少なくありません。上司の立場にしたら、失敗されるリスクを避けたいからです。そもそも初めての仕事は誰でも失敗する可能性が高いうえ、中途採用者の実際の力量は未知数。慣れている部下に仕事を与えたくなるのは当然でしょう。こうした条件下で実力に見合った仕事を任せてもらうためには、どうすればいいのでしょうか。

ズバリ、**「簡単な仕事をさせておくのは損かも」と思わせる**ことです。上司の役割の一つは高い利益をあげること。部下に能力以下の仕事をさせれば損をします。そこで、まずは**自分が能力以下の仕事を与えられていることをアピール**しましょう。例えば、すぐに仕事が終わってしまい、いかにも時間が余っているように見せる。あるいは「これだけの時間で、ここまで調べたの!?」と驚かれるほどの成果を出す。いずれにしても上司に「もったいない」と思わせればしめたものです。次はきっと実力を発揮できる仕事をふってくれるはずです。

能力を持て余していることをアピール

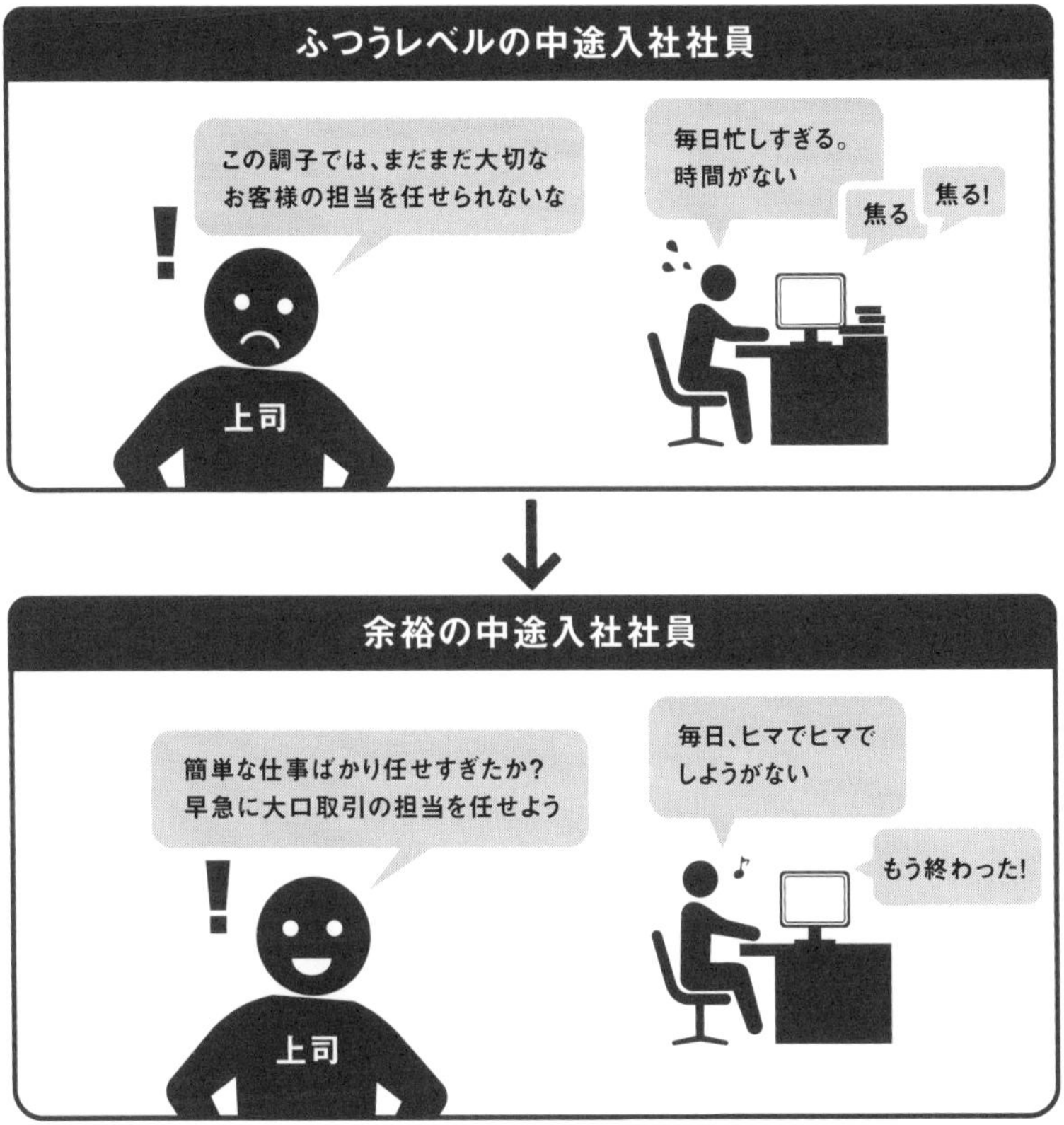

上司の使命は利益の最大化なので、部下には能力いっぱいの仕事を望む。「カンタンな仕事ばかり与えすぎた」ことに気づけば、レベルの高い仕事にシフトさせる

6-02 モチベーションが湧かないときの対処法

モチベーションの原動力は「怒り」と「あこがれ」

まずは「あこがれ」の人をつくろう

ライバルたちと競いながら未知の仕事に挑戦していくためには高いモチベーションが不可欠です。ところが、なかなか挑戦へのモチベーションが湧いてこないという人は少なくありません。そういう人は、まず**「できない理由」を考えることをやめましょう**。仕事の環境の悪さや自分の欠点を並べることになり、モチベーションが下がるだけです。

それよりもモチベーションを上げる術を手に入れるのが得策です。すぐ効果が出るのは**「怒り」の感情を利用する**こと。「今に見てろ」「このままでは終わらない」といったあの悔しい感情です。欠点は、怒りが収まれば効果が薄れてしまい、効果が持続しないこと。そこまでの瞬発力はありませんが、長続きする方法は「あの人みたいになりたい」と思う「あこがれ」です。対象は経営者でもクリエイターでもスポーツ選手でもかまいません。その人に一歩でも近づきたいとモチベーションが刺激され、「自分と同年代のとき、どうしていたのか」「どんな努力をしてきたのか」などを調べてマネするようになります。

モチベーションの原動力を知る

あこがれによるモチベーション曲線

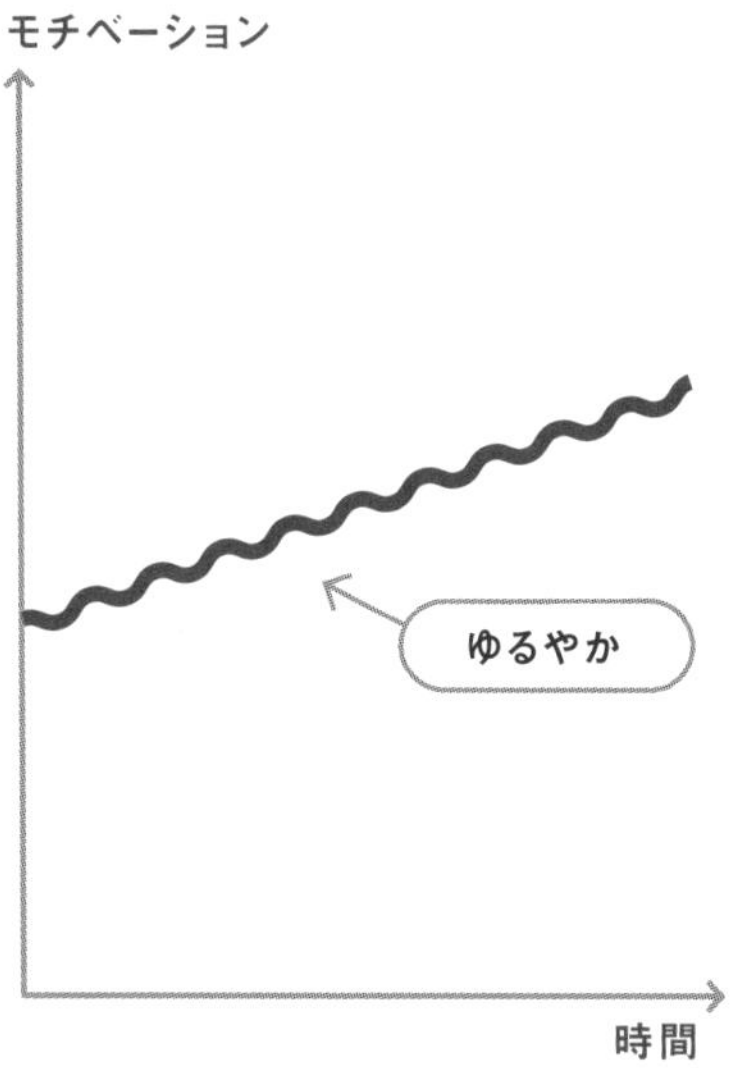

怒りによるモチベーション曲線

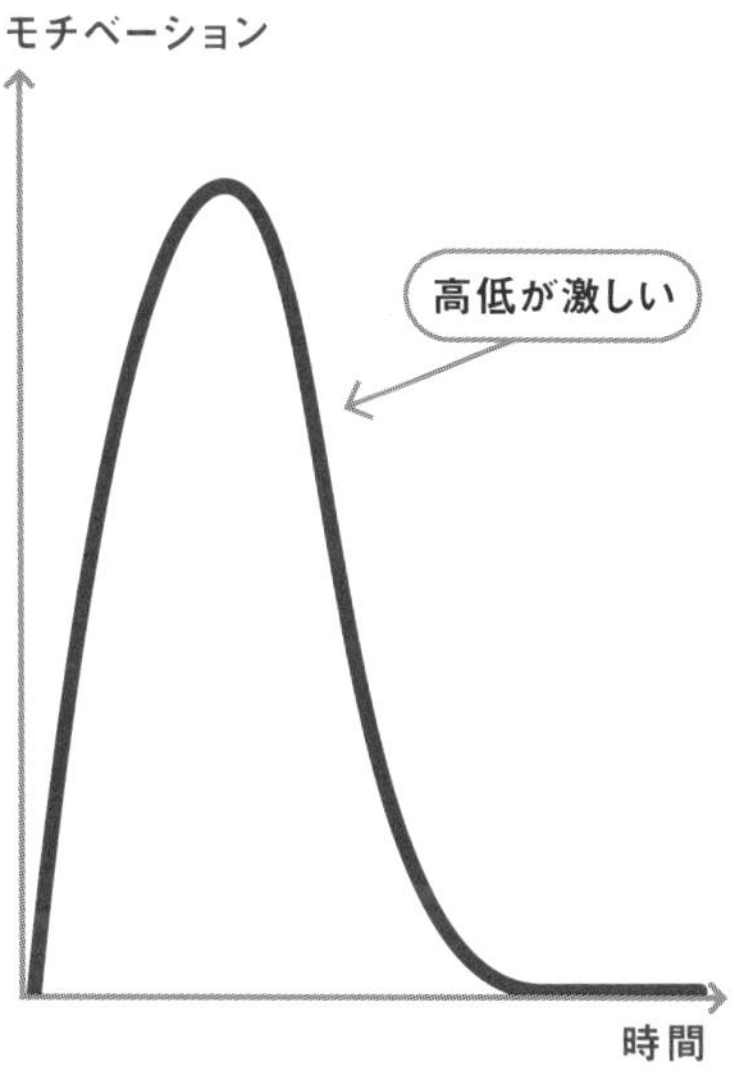

モチベーションの上がり方は穏やかだが、下がることもなく持続力が高い

急激にモチベーションが上昇するが、怒りが収まると急激に下がっていく

モチベーションを上げるのに有効な方法は「今に見てろ」と思う激しい怒りの感情と「この人みたいになりたい」といったあこがれの心。うまく組み合わせて臨機応変に使いたい

6-03 キャリアプランは小刻みに

あらかじめ期間を決めて一つのテーマに挑戦する

目標を決めたら、とにかくがむしゃらにやってみる

終身雇用が崩れるとともに、キャリアプランを会社任せにする時代は終わり、自分で考える時代になりました。しかし現在は企業買収や倒産、突然のリストラなどが当たり前。まさか自分が転職することになるとは思っていなかった人もいるのではないでしょうか。

将来がわからなければキャリアプランを描くのは難しい。そこで**不確実な未来予測に基づいた長期プランではなく、期間を区切って一つのテーマに挑戦する短中期プランにするのが賢明**です。例えば社会人になってから最初の5年間は、自分の適性に合った仕事を探すためにがむしゃらにチャレンジする。次の5年間は適性に合った仕事に専念し、その次の5年間は利益をあげることを考えて仕事をする、といった具合です。もっと具体的なプランを立てたい人は、「この1年は人脈づくりにチャレンジしてみる」「3年間で絶対英語を身につける」といった短期の目標を立てるのもいいでしょう。このような短中期の目標を一つずつクリアすることでも、キャリアは積み上がっていくものです。

先が見えない時代は
短期・中期プランで乗り切る

未来に向かって一直線の
長期キャリアプラン

未来がわからない時代に長期のキャリアプランをつくるのは危険。不要になるキャリアを身につけることも

状況変化に応じて
こまめにプランを修正

短中期ごとにプランを作成しなおす上に修正も加えるので時代の変化を反映しやすい

1年先、2年先の予測すら難しい時代は、長期のキャリアプランを立てるのではなく、短期・中期のキャリアプランを立て、こまめに修正することが現実的なキャリアアップにつながる

6-04 仕事も組織もすべて俯瞰で見よう

長期的、あるいは広い視野で考えれば一喜一憂しない

視野の足りない部分を補うには

会社の花形部門に配属されると多くの人は喜びますが、市場規模もわからないような新規事業部に配属されるとガッカリする人は少なくありません。しかし5年、10年、あるいは20年のスパンで見たらどうでしょうか。新規事業部に会社が期待していることは次の花形部門にすることです。逆に花形部門はすでに成熟段階にあるので、近い将来、売却されたり、縮小したりする可能性は大です。このように俯瞰で物事を見ると、同じ仕事がまったく違って見えます。しかし**俯瞰で見るためには業界動向、経済環境、取引先情報をはじめ様々な情報や知識が必要**なので、難しいと感じる人もいるでしょう。

そこでお勧めなのが「聞き耳を立てる」こと。俯瞰で物事を考える上席の人たちの会話を聞くことです。例えば会議の議事録の作成などを買って出れば上席の人たちの議論を見られます。また年頭の社長のあいさつ、社内報などに掲載されている役員の対談やインタビューなどの記事もヒントになります。少し注意するだけで視野はぐっと広がります。

「虫の目」と「鳥の目」では見え方がまるで違う

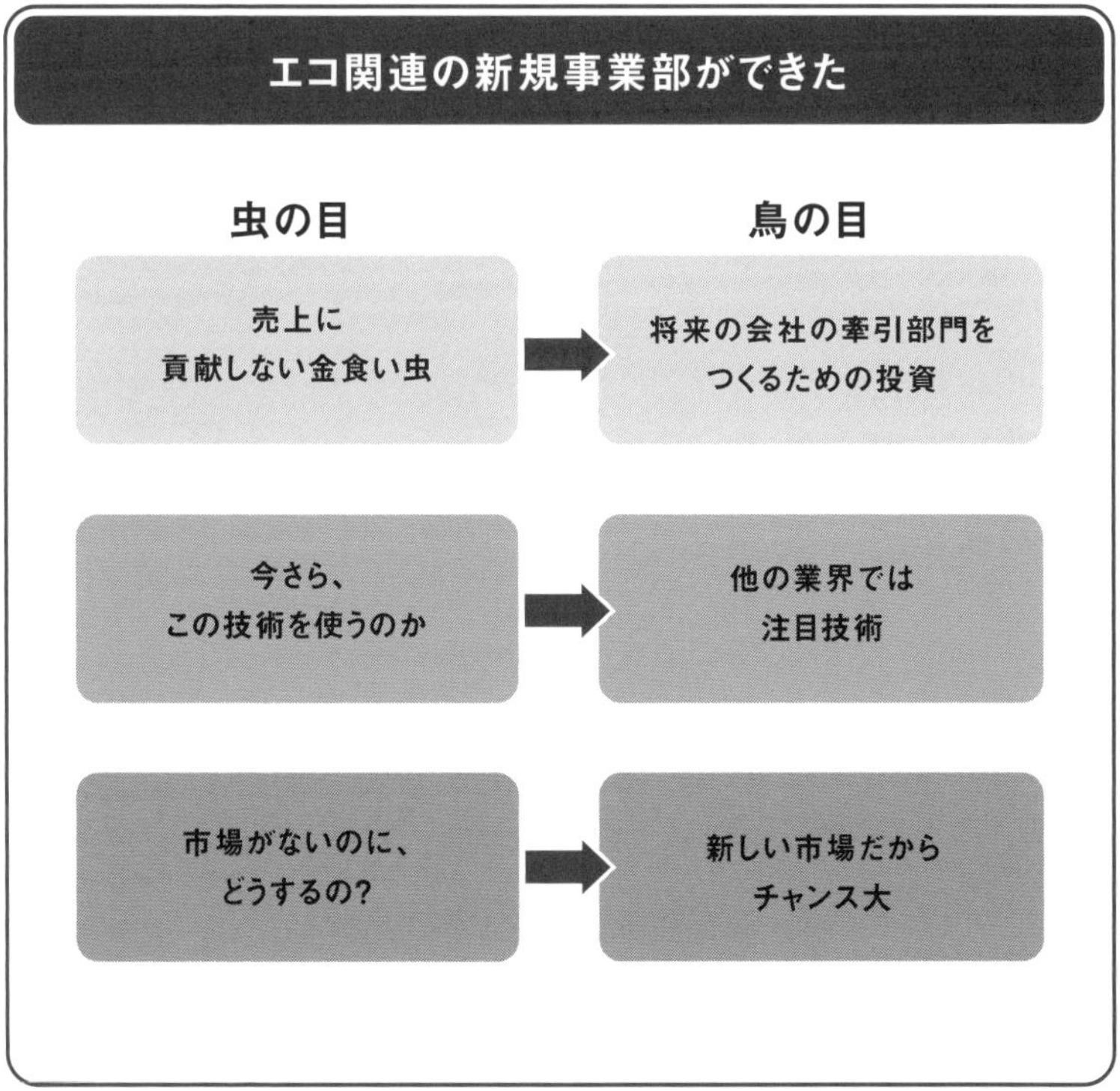
エコ関連の新規事業部ができた
虫の目
鳥の目
売上に貢献しない金食い虫
将来の会社の牽引部門をつくるための投資
今さら、この技術を使うのか
他の業界では注目技術
市場がないのに、どうするの?
新しい市場だからチャンス大

長期的視点、広い視野……。鳥の目とも言われる俯瞰で見れば、虫の目で見ていたときと価値観が逆転することは多い。「こんな仕事……」と、ガッカリする前に、「虫の目」「鳥の目」で検証してみよう

6-05 一つ上の役職で物事を考えよう

実際に職位があがったときの予行演習

役職が上がっても、部下が違和を感じないのが理想

会社で成果をあげていけば、役職が少しずつあがっていきます。そのための準備として役立つのが一つ上の役職で物事を考えるクセをつけることです。当たり前のことですが、役職があがったからといって、その役職に必要なマネージメントスキルが身につくわけではありません。あらかじめ準備をしていなければ、明らかに能力不足のまま、上の役職を務めることになります。部下の中には能力不足を指摘する人、冷ややかに見ている人などが現れるかもしれません。そうした中で役職にふさわしい能力を獲得する努力を続けるのは大変です。おそらく大半の人は、こうした苦しい道を歩んでいるのではないでしょうか。

それに対して、**最初からあたかも上の役職にいるような視点で考え、発言する練習を積んでおけば、実際に役職があがったときに、部下も本人も違和感なくスムーズに働けます。**一つ上の役職で考えるためには、対象となる上司の発言や仕事の任せ方を観察したり、上司の立場から自分の仕事を見直してみたりすることが有効です。

上の役職の視点から
自分の役職を眺めてみる

一つ上の職位で物事を考えるクセがつけば、何が最優先かよくわかり、判断に迷わなくなるし、行動にブレもなくなる

例えば、主任同士はライバルだが、課長から見れば同じ部下。仮に主任も課長目線で考えれば、足の引っ張り合いなどせずに協力しあうようになる

6-06 「リソース発想」を手に入れよう

自分を会社の一つのリソースと考えてみる

自分本位のわがままな不満や悩みが消える

「あの部署に行きたかった」「何でこんなにつまらない仕事ばかりさせられるんだ」……。新人の頃は不満ばかりだったのではないでしょうか。しかし、経験を積むにつれて不満は少なくなっていきます。それは、視点が変わるからです。経験が少ないと仕事や会社を「自分」というフィルターを通して見がちですが、社会人経験が長くなると、会社の視点から物事を見るようになります。会社にとって従業員は、机や工場やお金などと同様、リソースの一つにしか過ぎません。**会社の使命はリソースを最適に組み合わせて高い利益をあげることです。**そのためには自分をどう使えばいいのか？　このように**自分もリソースの一つとして客観的に考えることを「リソース発想」といいます。**リソースとは資源のこと。一般にはヒト、モノ、カネ、情報。要は会社が有する持ち駒のことです。社会人経験が長くなるとともにリソース発想が身につくので、不満は少なくなるわけです。仕事に不満を感じたら、リソース発想で仕事を見直してみましょう。不満はきっと消えるはずです。

すべてを客観視できる「リソース発想」

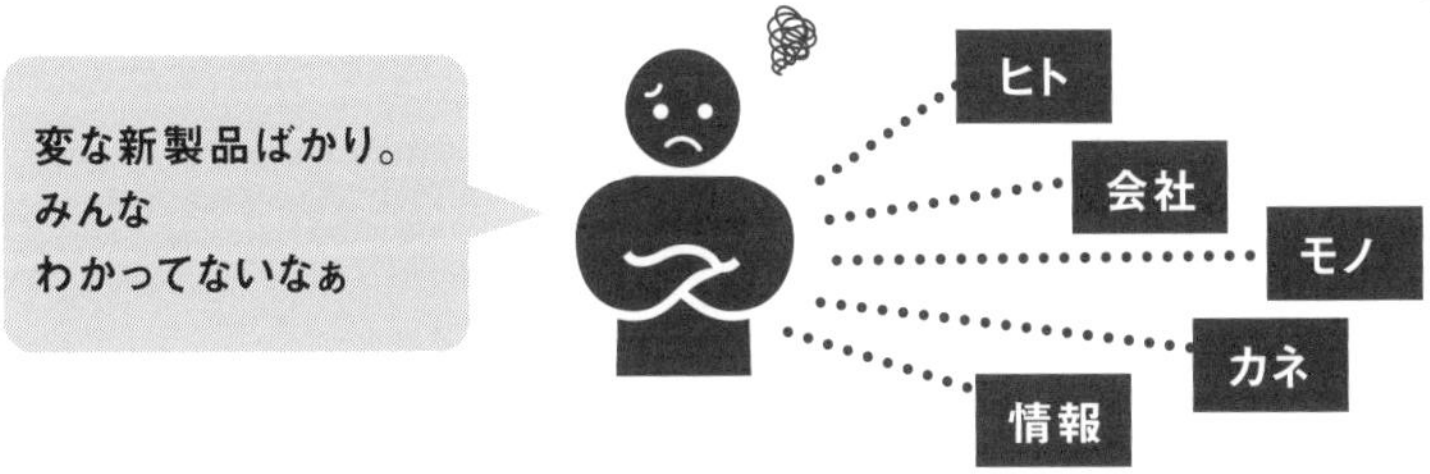

変な新製品ばかり。
みんな
わかってないなぁ
ヒト
会社
モノ
カネ
情報

自分中心の自分発想では、
ヒト・モノ・カネ等の関係性を考えないので批判が増える

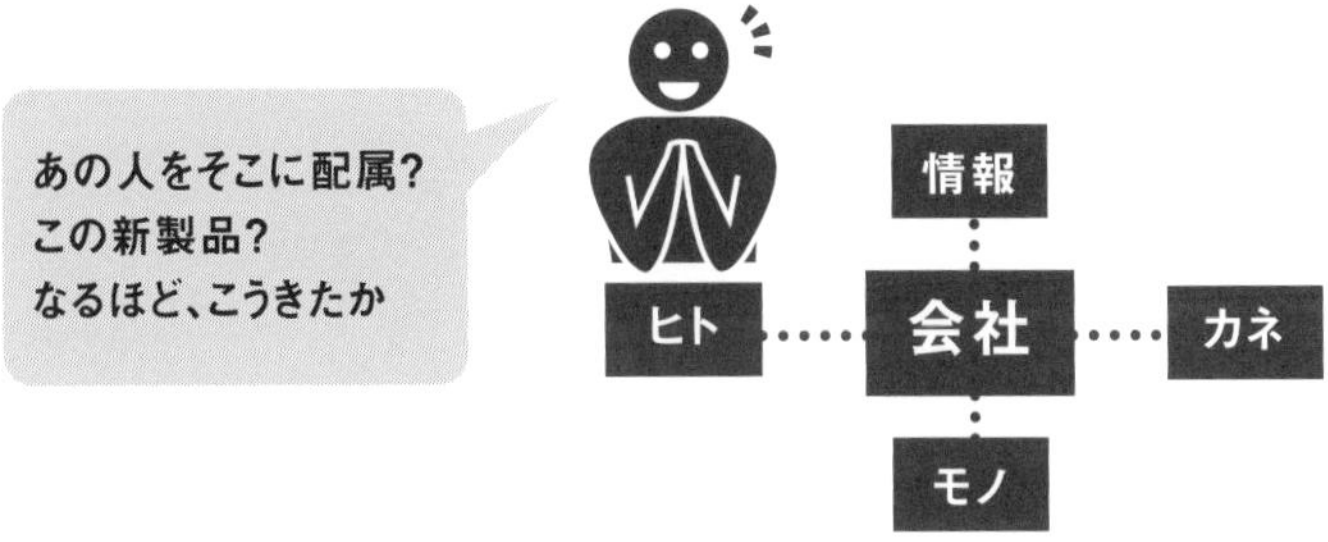

あの人をそこに配属?
この新製品?
なるほど、こうきたか
情報
ヒト
会社
カネ
モノ

リソース発想に立てば、
ヒト・モノ・カネ等の最適な組み合わせという観点から物事を考える

自分というフィルターを通す自分発想では、無意識のうちに自分に対するメリットの有無で物事を見てしまう。だから、自分を評価しない上司がやたらとレベルが低い人間に見えたりするわけだ。しかしリソース発想で物事を考えれば、自分の足りない面、上司の優れた面なども見えてくる

コラム

ストレスのサインを見逃さない

新しい会社にも慣れ、新しい仲間に受け入れられ、仕事も楽しく成果も順調。不満はまったくないはずなのに、「こんなところに円形脱毛症が!」「なんだか胃が痛い」といったストレスのサインが出てくることは珍しくありません。

ストレスは、大きな変化だけから引き起こされるわけではありません。「プリンターが慣れた機種と違う」「報告書作成の手順が違う」「経費精算のソフトが違う」……。実は、日常業務のこんな些細なことが、ストレスの原因になっていることがあるそうです。

「軽い運動をする」「おいしい食事をきちんと食べる」「友人と飲みに行ったり遊びにいったりする」……。とりあえずは、こんなことがストレス解消に有効です。

もし、何をやってもストレス発散につながらず、「気が晴れない」「よく眠れない」「集中できない」など、これまでの自分とは違う症状がある場合は、早めに専門家に相談しましょう。せっかく希望の会社に入り、実績も出てきたのにストレスで挫折するのは、もったいない。無理は禁物です。

第7章

改めて押さえておきたい「ビジネススキル」

7-01 仕事を頼まれたら最初にすべきこと

その仕事の目的・背景を必ず確認する

「目的はこういうことですか？」と自分の言葉に直して聞く

入社して間もないうちは、上司や同僚からの指示を受けて動くことが多いはずです。そのときは、言われたことをおこなうだけでなく、こちらからも積極的に行動しましょう。

まず仕事を頼まれたときに大切なのは、仕事の目的や背景を確認することです。上司は常に目的や背景を説明してくれるとは限りません。それがわかっていないと、あとで「私の指示と全然違う！」となりがちです。やり直す時間がムダですし評価も下がります。

コツは**「目的はこういうことでよろしいですか？」と指示を自分の言葉に直して確認すること**です。そのほうが、上司の考えとのズレがわかりやすくなるし、感じもよくなります。上司が忙しそうだと聞きにくいかもしれませんが、部下がわかったふりをして確認せずに仕事を進められたら困るのは上司です。遠慮はいりません。

提出するときは、「これで大丈夫ですか？　間違えていたら直します」と一言添えると、間違いがあったときでも、印象が悪くなるのを防げるでしょう。

仕事を頼まれたときに
やるべきこととは？

仕事の依頼を受けたとき、目的や背景を確認することで、間違った仕事の進め方をしなくて済む。その他、納期や求められる完成度も聞いておこう。完成度の高さよりも速さを優先してほしいかもしれないからだ

7-02 後工程は「お客様」だと考えよう

あなたの仕事の後の作業にまで気を配れるか

常に「次の人」のことを考える

「後工程はお客様」は、工場などでよく使われる言葉です。工場に限らず、仕事の現場はたいてい分業制で、作業工程がいくつにも分かれています。1から2へ、2から3へと、それぞれ自分の役割の組み立てや加工をした後、次の「後工程」へと渡していきます。「後工程はお客様」とは、つまりバトンタッチする人のことを考え、自分のやるべき作業をしっかりこなせ、という意味です。仮に1の工程で仕事が甘かったり、ミスがあったりすると、2の工程の人の仕事が増えますし、チーム全体の効率も下がります。

後工程をおもんぱかり、丁寧な仕事をすれば、業務はスムーズに流れ、その先にいる本当のお客様にも迅速に質の高い商品やサービスを届けられます。 もちろん「あの人の仕事は信用できる」と後工程の人たちからの評判もよくなるでしょう。これはどんな仕事にもあてはまります。評価者である上司だけではなく「後工程の人にどう満足してもらうか」も念頭に置いて仕事をします。その習慣は必ずあなたの評判を上げ、成果につながります。

後工程のことを考えて、信頼を積み重ねよう

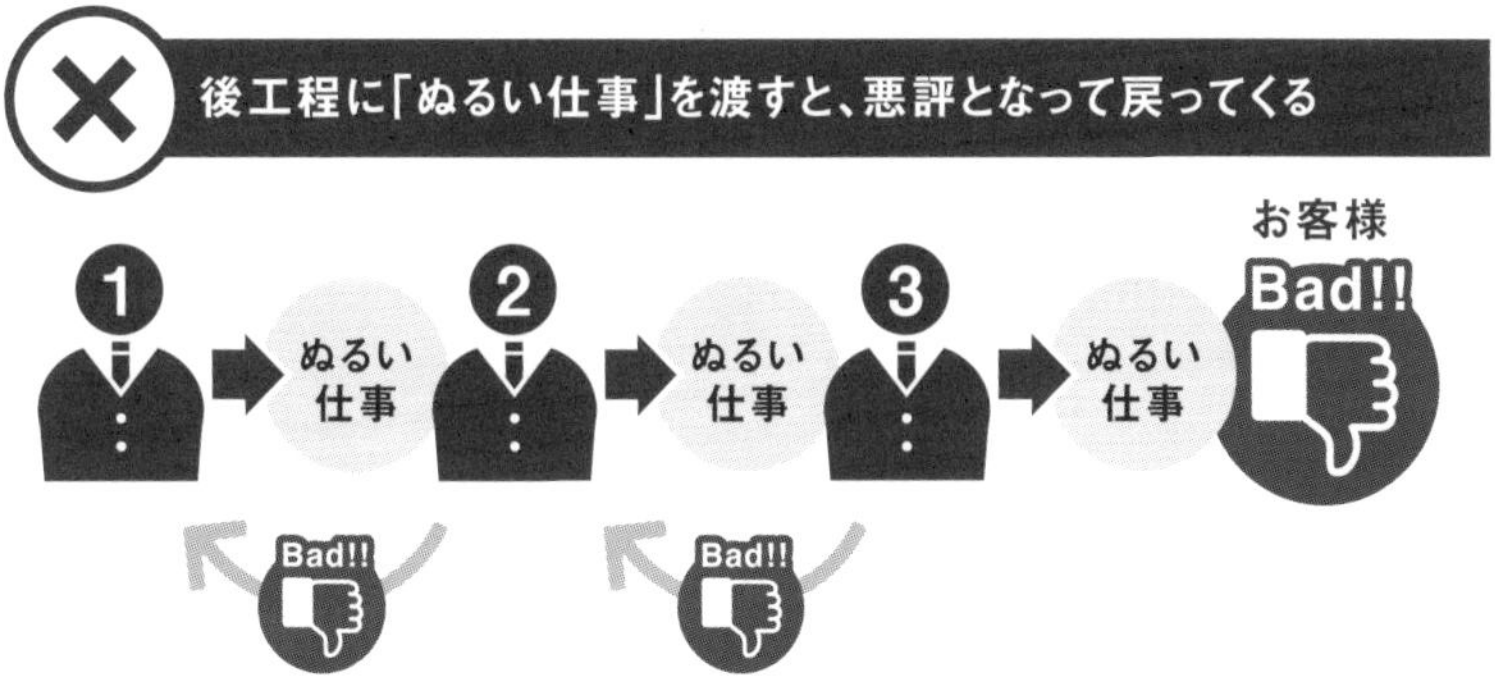
後工程に「ぬるい仕事」を渡すと、悪評となって戻ってくる
お客様
1
2
3
ぬるい仕事
ぬるい仕事
ぬるい仕事
Bad!!
Bad!!
Bad!!

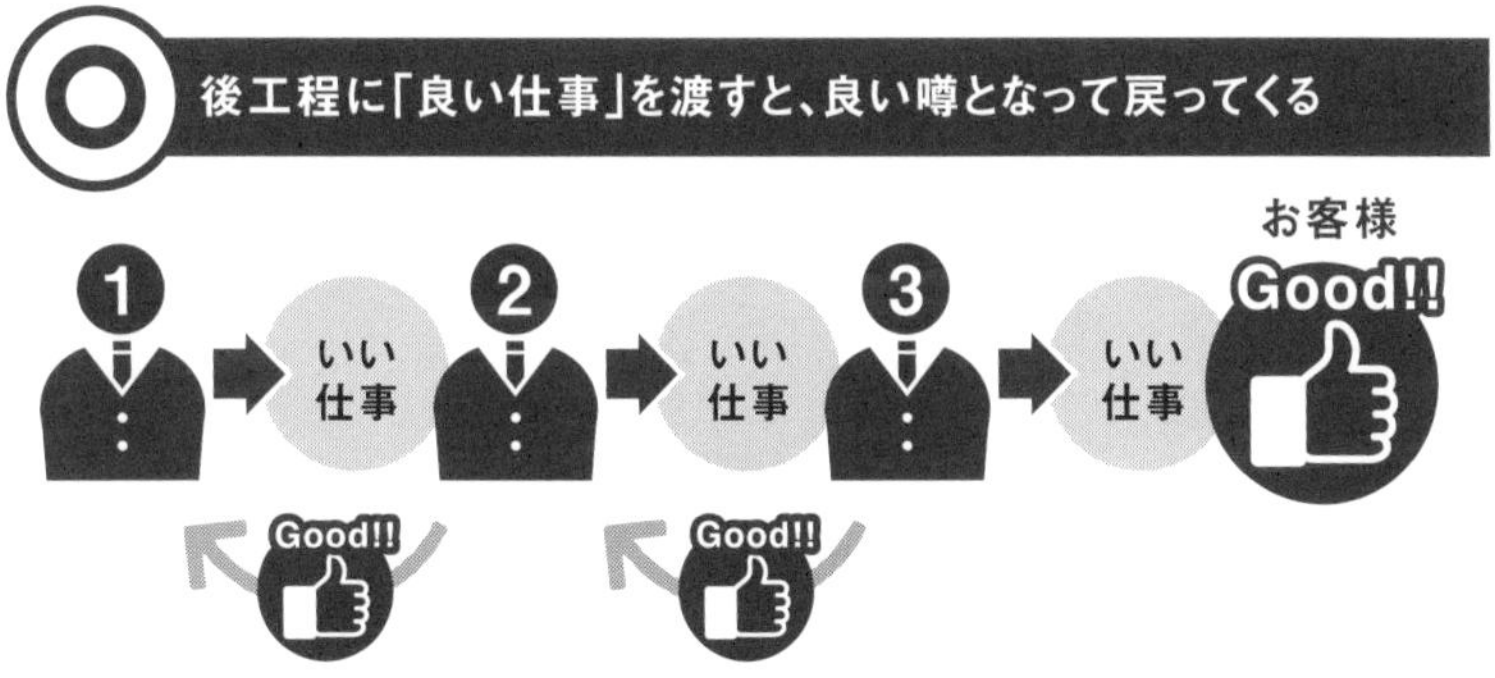
後工程に「良い仕事」を渡すと、良い噂となって戻ってくる
お客様
1
2
3
いい仕事
いい仕事
いい仕事
Good!!
Good!!
Good!!

どんな仕事にも、あなたの仕事を受け取って作業する「後工程」があるもの。後工程に「抜かりのない良い仕事」を渡せば、信頼度がUP。当然、お客様からの評価にもつながる

7-03 「ひと手間」かけてから提出しよう

言われたこと以外に何かできないか考える

雑用こそ、ひと工夫の見せどころ

転職・再就職したての頃は、上司や同僚に頼まれた仕事をきっちりこなすだけで精一杯、となるかもしれません。しかし、仕事に慣れてきたら、自分なりのひと工夫を加えるようにしましょう。すると、より成長できるし、上司からの評価が上がります。

仕事に慣れるまでは、資料探しやデータ入力といった、**初歩的な仕事を頼まれることもあるかもしれませんが、こういう仕事こそ、創意工夫の見せどころ。**「頼まれていないけれども、参考になる資料もピックアップする」「入力だけでなく、グラフも作成する」などをすれば、「どんな仕事でも手を抜かず丁寧に仕上げる」印象を与えられるでしょう。

気をつけたいのは、ひと工夫を加えようと力み過ぎて、提出が遅れること。「余計なことをしないで、さっさと欲しいんだけど……」とたしなめられてしまいます。また、もし手間がかかるようなひと工夫をするときは「こうしようと思うのですが、どうでしょうか?」と事前に確認を取ってからおこなうとよいでしょう。上司を驚かす必要はありません。

簡単そうな仕事こそ
ひと工夫をしよう!

コピーをホチキスで留める

パチッ

意外と忘れがち。ホチキスは書類が横書きの場合は左上、縦書きの場合は右上を留める。留める角度を斜め45度にするとめくりやすくなる。ホチキスでなく、クリップで留めるほうがよい場合があるので、確認を

関連データもプリントアウト

このデータも
参考になるかも!

頼まれた資料以外にも、参考になりそうだと思った資料があったら、プリントアウトしておく。頼まれた資料と混ぜずに、別にまとめて渡せば、その資料が見当はずれだったとしても、迷惑はかからない

好みの店をリサーチする

中華
フレンチ
焼き鳥
どれがよいですか?

ランチミーティングの弁当の手配や、部署の打ち上げなどの幹事を頼まれたら、独断で選ばずに、どんなお店が喜ばれるのか、何人かの先輩や上司にリサーチしよう。「どんな店がよいですか?」というより、いくつか候補を出して聞いたほうが、選びやすい

7-04 TODOリストで仕事を管理しよう

仕事を一覧できるようにして、やり忘れを防ぐ

スキマ時間に細かい仕事を済ませるクセをつける

最近はどの職場も人手が不足しているので、一人が受け持つ仕事の量が増えています。複数の仕事を同時並行でこなすマルチタスク状態になると混乱してしまい、仕事の質が下がったり、作業をし忘れたりする人は少なくないようです。複数の仕事を抱えても、スマートにこなせるようにするためには、「TODOリスト」をきちんとつくるようにしましょう。スマホアプリを使ってもよいし、手帳やA4の紙1枚にざっと箇条書きしてもよいでしょう。自分がすべき仕事をすべて一覧できるようにしておけば、やり忘れが防げます。仕事によっては、箇条書きだけでなく、長期・短期や種類で分けると、管理しやすくなります。つくるタイミングは、退勤時間直前でも当日の始業時でもよいでしょう。

小さな仕事もまとめてやると、それなりに時間がかかります。時間を有効活用したいなら、**予定と予定の間にあるスキマ時間にTODOリストを見て、小さな仕事を終わらせるクセをつけましょう。**たくさん仕事をこなす人は例外なくスキマ時間を活用しています。

TODOリストをつくろう

終わったものがわかるよう、
チェック欄をつくる。赤ペンなどで
項目全体を消していくのでもよい

期限を書く

☑2/26　A社にTEL

☑2/26　B社にTEL

□2/27　社内会議の資料を作成

□2/27　C社にサンプルを発送する

□2/28　請求書を書く

□3/3　★販促企画アイデアを3本出す

□3/4　D社向けのプレゼン資料を完成させる

並べるだけだと、何が重要かわからなくなるので、
「重要度別に分ける」「マークをつける」
「重要な仕事は大きく書く」などの対応をするとよい

上は単純なTODOリスト。自分なりに管理しやすいアレンジをしよう。すべての仕事を書いたTODOリストをもとに、1日ごとのTODOリストをつくる人もいる。毎朝、重要度順に並び替えるのもオススメ

7-05 仕事に優先順位をつけよう

緊急度と重要度で仕分けする

重要度の低い仕事は時間をかけずに終わらせる

会社の仕事は、次から次へと折り重なるように増えていきます。何を優先すればよいのか考えずに行き当たりばったりで作業をしていると、仕事が回らなくなります。中途入社の社員は要領の良さも求められますから、優先順位をつけて取り組みましょう。

自己啓発書の世界的なベストセラーである『7つの習慣』を著したスティーブン・コヴィー博士は、**重要度と緊急度で優先順位をつける**ことを勧めています（左図参照）。

何より優先しないといけないのは重要で緊急な「MUST」ですが、次は何でしょうか。緊急だけど重要ではない「DO」の仕事を優先しがちですが、重要だけど緊急ではない「THINK」の仕事を優先することが大切です。そのほうが、会社に対する貢献度は高くなりますし、自分の成長にもつながります。重要度の低い「DO」や「NG」の仕事は「いかに時間をかけずに終わらせるか」をテーマに取り組みましょう。スピードアップを図ることで、「MUST」や「THINK」の仕事に多くの時間を割くことができます。

目の前の仕事に
優先順位をつけよう

重要度（高↑低）／緊急度（高←低）

第1領域	第2領域
MUST	THINK
緊急度も重要度も高い仕事	緊急度は低いけど重要度は高い仕事
第3領域	**第4領域**
DO	NG
緊急度は高いけど重要度は低い仕事	緊急度も重要度も低い仕事

『7つの習慣』（キングベアー出版）P367の内容を参考に作成

迷うのは、緊急だけど重要ではない「DO」の仕事と、重要だけど緊急ではない「THINK」の仕事、どちらを優先するかだが、「THINK」を優先したほうが、会社のためにも自分のためにもなる。自分で判断できなければ、上司にアドバイスをもらおう。緊急でも重要でもない「NG」の仕事を大量にこなしたからといって、満足していては×

7-06 より正確なスケジュールを組もう

自分一人でおこなう作業も予定に入れる

作業時間を短めに設定し、スピードアップを図る

仕事が増えれば増えるほど、いかに時間を有効活用するかが重要になっていきます。仕事に慣れてきたら、スケジュール管理の精度を高める工夫をしましょう。

スケジュール帳には「10：00 A社打ち合わせ」などと、アポの予定と時間だけを書く人が多いですが、**資料やレポートの作成のような、一人で作業する時間も書き込む**ことをお勧めします。そうしないと作業時間がどれだけ取れるのかが把握できないからです。

さらに作業予定時間を書いたら、実際にかかった時間を計り、予定していた時間と見比べましょう。すると、その後、より正確なスケジュールが組めるようになります。また、「パワーポイントの作成に5時間もかかっている。2時間に減らそう」などと、改善点も見えてくるでしょう。毎日計るのは大変なので、年2回、2週間ほどやれば十分です。

作業時間が把握できたら、**予定を組むときに、見積もりよりも少し短い時間を設定しましょう。それを毎日繰り返していれば、仕事がどんどん速くなるはず**です。

実際にかかった時間を計って予定と見比べよう

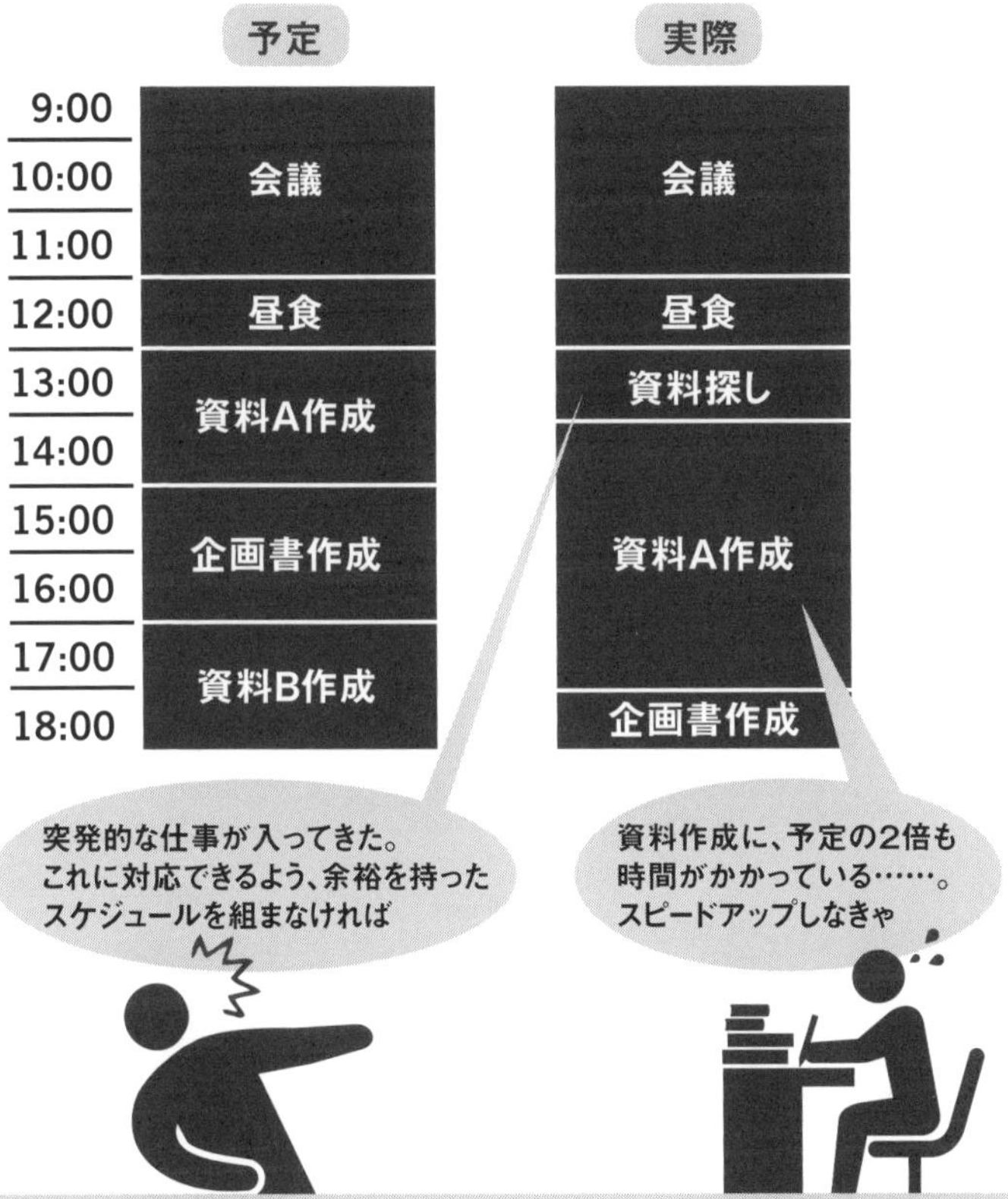
予定
実際
9:00
10:00
11:00
12:00
13:00
14:00
15:00
16:00
17:00
18:00
会議
昼食
資料A作成
企画書作成
資料B作成
会議
昼食
資料探し
資料A作成
企画書作成
突発的な仕事が入ってきた。これに対応できるよう、余裕を持ったスケジュールを組まなければ
資料作成に、予定の2倍も時間がかかっている……。スピードアップしなきゃ

作業予定と実際にかかった時間を比較していれば、作業時間を正確に見積もれるようになるし、「この仕事は時間がかかりすぎている」といった改善点も見えてくる。また、「午前中は調子がよい」などと、自分の傾向が見えてくる

7-07 PDCAサイクルを意識する

4つのサイクルを回すことで、改善につぐ改善が起きる

Plan→Do→Check→Actのサイクルを回す

多くの会社で使われるマネジメント手法であり、自分の成長速度を速めるためにも意識しておきたいのが、「PDCAサイクル」です。

PDCAとは、次の4つの行動の頭文字を取ったものです。

①Plan……仕事の計画を立てる
②Do……計画に沿って仕事をする
③Check……実行した結果をチェックして、評価する
④Action（Act）……改善すべき点を改善する

このサイクルをぐるぐる回すことで、改善に改善を重ねることができ、仕事の質が高まっていき、高い成果があげられるというわけです。自分の仕事でも、日々、PDCAサイクルを回すことを心がければ、1カ月後には自分でも驚くほどの成長をとげても不思議ではありません。とくにC（Check）をおこなわない人が多いので、気をつけましょう。

PDCAサイクルの回し方

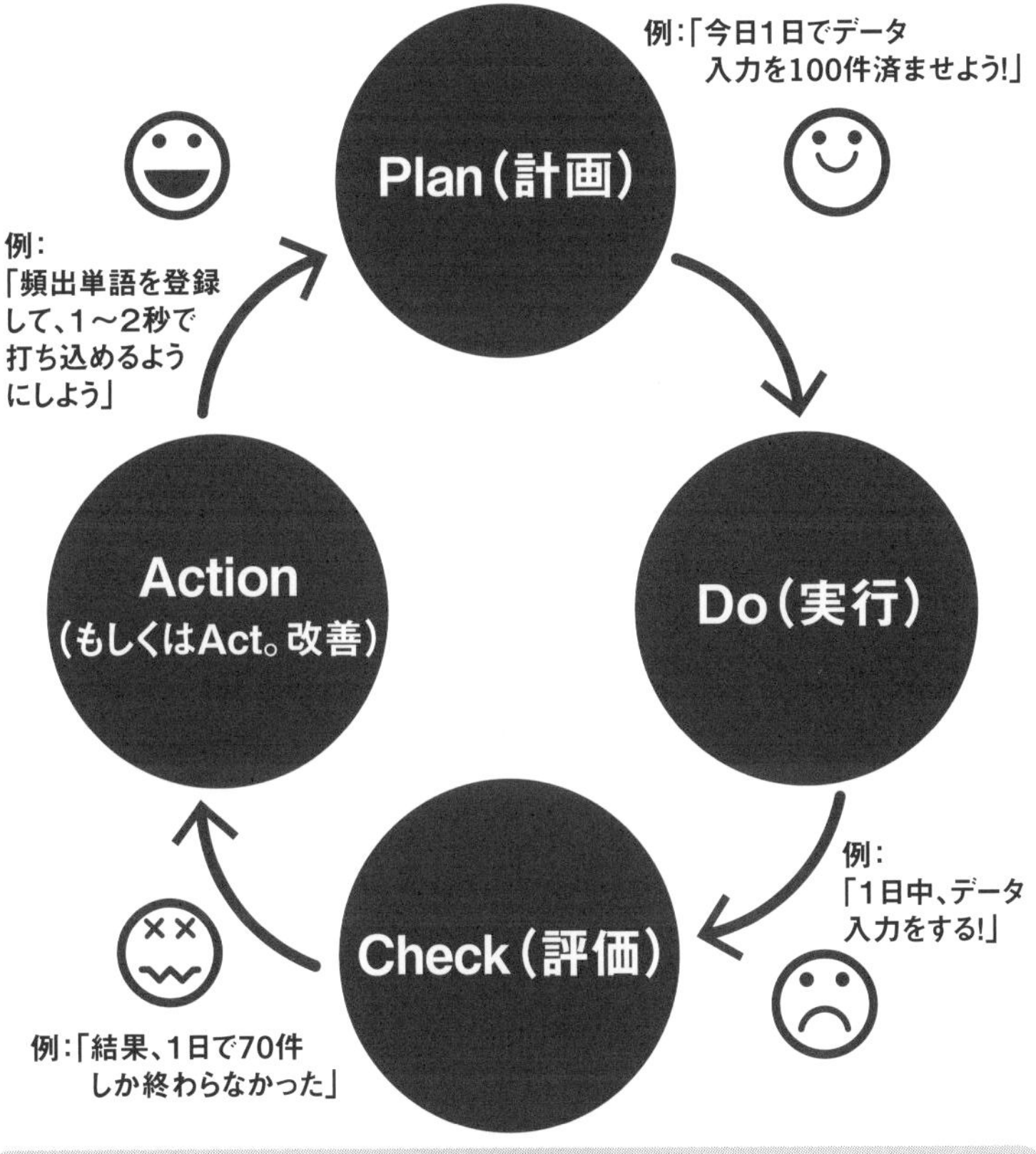
例:「今日1日でデータ
入力を100件済ませよう!」
Plan(計画)
Do(実行)
例:
「1日中、データ
入力をする!」
Check(評価)
例:「結果、1日で70件
しか終わらなかった」
Action
(もしくはAct。改善)
例:
「頻出単語を登録
して、1~2秒で
打ち込めるよう
にしよう」

PDCAサイクルを着実に回していれば、自分も会社も成長できる。そうでなくても、意識さえしておけば「計画を立てていない」「やりっぱなしで『Check』していない」などの問題点に気づける

7-08 決算書の基本的な読み方を覚えておこう

会社の数字が理解できるようになる

まずは損益計算書と貸借対照表から

ビジネスパーソンなら必ずマスターしておきたいのが、決算書の読み方です。決算書とは、売上や利益など、会社の数字について事細かく書かれた書類のこと。これが読めると、単純に会社の業績がつかめるだけでなく、会社が稼ぎを生み出す仕組みがわかるようになり、会社の経営計画や上司の指示の背景にあるものが理解できるようになります。

とっつきにくいイメージがありますが、細かく読めなくてもかまいませんので、最低限の読み方だけ知っておきましょう。

決算書には、主に「損益計算書」「貸借対照表」「キャッシュフロー計算書」の三つがありますが、まずは最初の二つが読めればOKです。

損益計算書（P／L）とは、一定期間に会社がどれだけ儲けたかを示したものです。左ページの図がそれ。売上から様々な費用を引いていき、最終的に残る利益を導き出します。

損益計算書（P／L）とは？

損益計算書		
売上高	100000	
売上原価	60000	商品をつくったり、サービスを提供したりするのに直接かかった費用。原材料費や水道光熱費、人件費など
売上総利益	40000	いわゆる粗利益。売上高から売上原価を引いて算出する
販売費及び一般管理費	30000	商品やサービスを売るのにかかる費用。営業や総務などのスタッフの人件費や広告宣伝費、本社オフィスの賃料などが含まれる
営業利益	10000	売上総利益から販管費を引いた額。本業での儲けを示す。マイナスだと「本業で儲かっていない」ことになり、大問題
営業外収益&費用	2000	株式投資で得た利益など、本業と関係ないことによる売上や費用
経常利益	12000	営業利益に、営業外収益&費用を増減させた額。通常の事業活動による利益で、「けいつね」ともいわれる
特別損益	-10000	地震で壊れた工場の修復費など、突発的な支出や収入
当期純利益	2000	経常利益から、特別損益や税金などを引くことで、最終的な利益が導き出される

一定の期間（例えば1年間）にどれだけ儲けたかを示した表。売上から、かかった費用を何段階かに分けて引いていき、純粋な利益を導き出す

──過去や他社と比べることで、より多くのことがわかる

損益計算書を見ると、「利益は出ているが、実は本業では儲かっていない」「本業で稼いでいるのに、株式投資で失敗している」などといった内情がわかります。また、多くの利益を上げるためには、いかに経費を減らすかが大切だということも実感できるでしょう。一方、貸借対照表（バランスシート、B／S）は、会社の資産や元手、借金などを示した表です。ここからは「商品の在庫が多い」「借金が多い」などが読み取れます。

もっとも、損益計算書や貸借対照表を1年間分だけ見ても、会社が儲かっているのか、よくわからないかと思います。実は、それは会計士などのプロにとっても同じ。1年間分だけ見たところで、読み取れることは限られます。

決算書から多くのことを読み取るには「比べる」ことが大切です。例えば、自社の決算書を過去数年間のものと見比べると「だんだんと利益が下がってきている」「借金がふくらんでいる」といったことがわかります。また、ライバル他社の決算書と比較すれば「うちの会社よりも売上が少ないのに、利益はこんなに多い」「借金が多いと思っていたけど、他社はもっと多い」などが見えてきます。さらに、貸借対照表や損益計算書の数値を、パーセンテージに置き換えてみましょう。損益計算書の売上を分母にして、売上原価や営業利益などをパーセンテージに置き換えると、全体像がわかり比べやすくなります。

貸借対照表（B／S、バランスシート）とは？

会社が持っている資産や元手、借りているお金などを示した表。これを見れば、その会社の経営状況が安全かどうかがわかる

資産の部		負債の部	
流動資産	**5000000**	**流動負債**	**3000000**
現金	1000000	短期借入金	2000000
売掛金	1000000	買掛金	1000000
棚卸資産	3000000		
		固定負債	**4000000**
		長期借入金	4000000
		負債合計	**7000000**
固定資産	**5000000**	**純資産（資本）の部**	
土地	2000000	資本金	2000000
建物	1000000	利益剰余金	1000000
機械	2000000		
		純資産合計	**3000000**
資産合計	**10000000**	**負債・純資産合計**	**10000000**

→ 資産の部：会社が持っている財産のこと

→ 流動資産：資産のうち、すぐに現金化できるもの。顧客から回収していない売上である「売掛金」や、商品の在庫や原材料などの「棚卸資産」を含む

→ 固定資産：すぐに現金化できない資産のこと

← 負債の部：「将来返さなければいけないお金」を示す

← 流動負債：1年以内に返さなければいけない負債。買ったけれど、まだ代金を支払っていない「支払手形」「買掛金」も含む

← 固定負債：1年以内に返す必要のない負債

← 純資産（資本）の部：返さなくてよいお金。株主が出してくれた「資本金」や、これまでの利益を蓄積した「利益剰余金」など

資産の部の「資産合計」と、負債及び純資産の部の「負債・純資産合計」は必ず一致する。だから「バランスシート」と呼ばれる

7-09 机の整理は頭の整理につながる

できるだけものを減らせば
簡単に整理できる

――毎日こまめに片付けることで、キレイな状態を保ちたくなる

会社の机の上に書類や本を積み上げて、作業スペースもないほどグチャグチャにしてしまう人がいます。「僕はこのほうが落ち着くから」と言い訳をする人もいますが、仕事をするにあたってはマイナスだらけ。机の上が散らかっていると頭が混乱しますし、探しものにムダな時間を費やします。オフィスの美観を損ね、周囲の人に不快感を与えます。

新しい会社に入ったこの機会に、机をキレイに保つクセをつけましょう。

ポイントは、**ものをできるだけ減らすこと。そうすれば、整理に手間取らずに済みます**。もっともたまりがちなのは紙の書類ですが、カテゴリー分けしてファイリングするだけでなく、捨てることも重要です。判断に迷うものはとりあえずファイルに入れて保管しておき、1年間など保存期間を決めて、その期間を過ぎたら捨てましょう。

また、モノの置き場所を決め、使い終わったら所定の位置に必ず戻すこと。毎日こまめに片付けることも重要です。キレイにすると「これを維持したい」と考えるものです。

机をキレイに保つための テクニック

書類を機械的に捨てるルールをつくる

「この書類は保管したほうがいいかも……」などと悩んでいると、書類が捨てられなくなり、どんどん増える。「1年使わない書類はすべて捨てる」など機械的に捨てるルールをつくろう

一時的に置けるボックスを設ける

忙しいときに、書類を無造作に机のあちこちに置くと、どんどん散らかる。それを防ぐためには、書類を一時的に置くボックスを用意するといい。もちろん、そのボックスはこまめに片付けること

スキャンしてデジタル化する

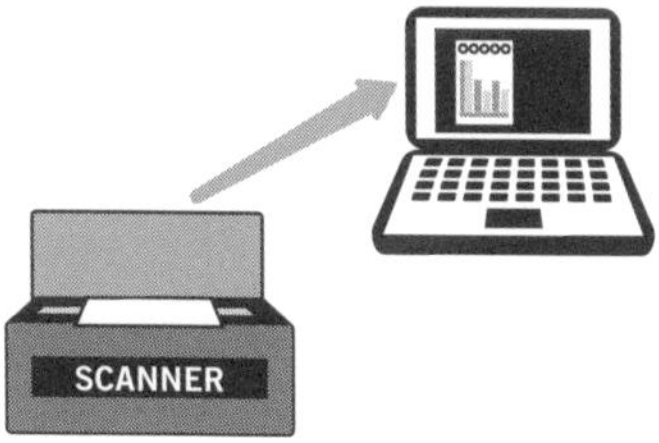

スキャナーを使って、書類や名刺をデジタル化してしまえば、机の上がすっきりする。まめさが必要だが、「毎週金曜日の17時から30分はスキャンの時間」などと予定化すれば、習慣になる

机の上にものを残さない

「帰宅時に机の上にものを置いてはいけない」という規則の会社があるが、そうした規則がなくてもそれにならって、帰宅時に書類や文具などを引き出しにしまうことで、整理できる

7-10 ファイルの整理で仕事の速さは決まる

ファイル名をわかりやすくすることで見つかりやすくなる

フォルダは分けすぎないほうがいい

仕事の能率をあげるためには、パソコンやクラウドストレージの中を整理しておくことも重要です。ファイル探しに手間取っていては、貴重な時間がどんどん過ぎていきます。ファイルを探しやすくするためには、フォルダ分けをして、ファイルを振り分けておくこと。また、**ファイル名をわかりやすくしておくことも大切**です。

例えば、A社に提出する提案書なら、「20200101_A社様ご提案書」などと日付と内容を書いておけば、ひと目でわかりますし、検索もしやすくなります。しかし「提案書」などとシンプルすぎるファイル名をつける人は、意外と少なくないようです。「冒頭に日付を書く」などとルールを決めて、ファイル名を入力するようにしましょう。

フォルダに関しては、階層を細かく分けすぎると、整理するのが面倒くさくなり、かえって整理できなくなることがあります。案件にもよりますが、**階層は多くても2〜3段階に抑えた方がよい**でしょう。

仕事の効率を高めるファイル&メールの整理テクニック

ファイル名をわかりやすくする

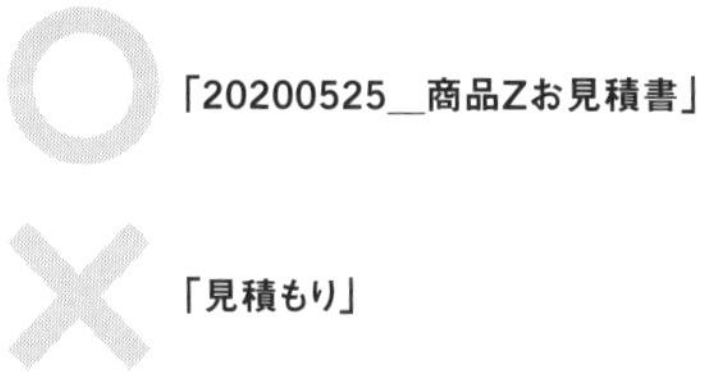

検索でひっかかるようなファイル名をつけると、あとで見つけやすくなる。日付をつけておくのもポイントだ。メールに関しても、「商品Bのお見積もりの件」などとわかりやすい件名をつけておけば、整理しやすくなる

フォルダは細かく分けすぎない

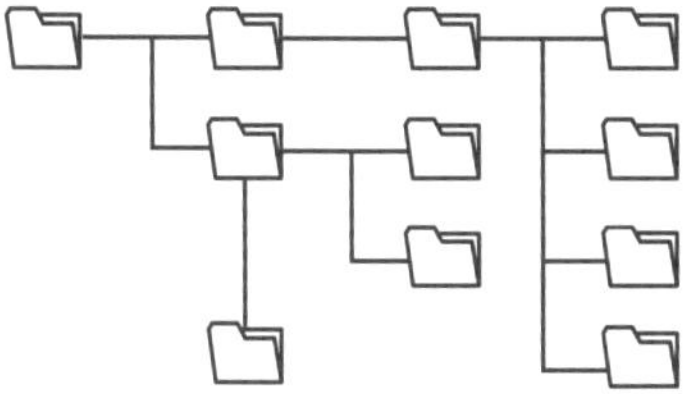

完璧に整理しようとして、フォルダを分けすぎると、どこに入れていいのかわからなくなり、かえって時間がかかる。最低限の数に留めよう

自動振り分け機能を利用する

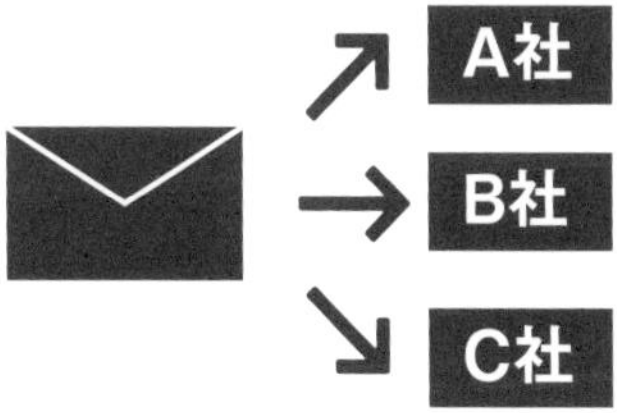

メールソフトの自動振り分け機能を使って、顧客やカテゴリー別に自動で整理できるよう設定しておけば、整理の手間が省ける

用件が済んだら、アーカイブに入れる

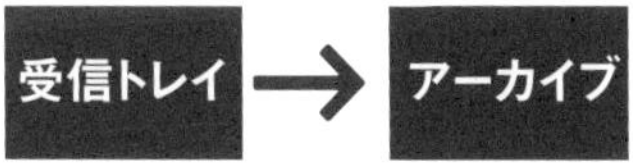

用件が済んだメールは受信トレイに置きっぱなしにしないで、アーカイブに入れていく。すると、受信トレイには進行中のものだけが残り、わかりやすくなる

7-11 ロジカルシンキングを手に入れよう

結論を話すときには、必ず根拠を示す

―結論を先に述べてから根拠を話すのがセオリー

ロジカルシンキングとは、論理立てて物事を考える思考のことです。すでに身についている人も多いと思いますが、ここで改めておさらいしましょう。

ロジカルシンキングのポイントはたくさんありますが、まずは**「事実に基づいた根拠をあげて、結論を話すこと」を意識する**ことが大切です。

例えばテレビCMで起用するタレントを会議で提案するときに、単に「若者の間で人気だから」では納得してもらえません。「20代に聞いた好感度調査で1位」「番組にレギュラー出演し、知名度が高い」といった事実をあげることが必要です。

根拠のあげ方は、大きく分けて二つあります。一つは「並列型」。事実に基づいた根拠をいくつか提示することです。もう一つは「解説型」。事実と判断基準を示して、一つの根拠を述べる方法です（事例は左ページで）。どちらの方法にしても、**最初に結論を述べてから根拠を話すと、「冗長にならずに済みます。**

ロジカルに結論を伝える二つの方法

1. 並列型　結論を話した上で、事実に基づいた根拠をいくつかあげる

例：課題「低予算のなか、新商品をどんな方法で宣伝するのが良いか」

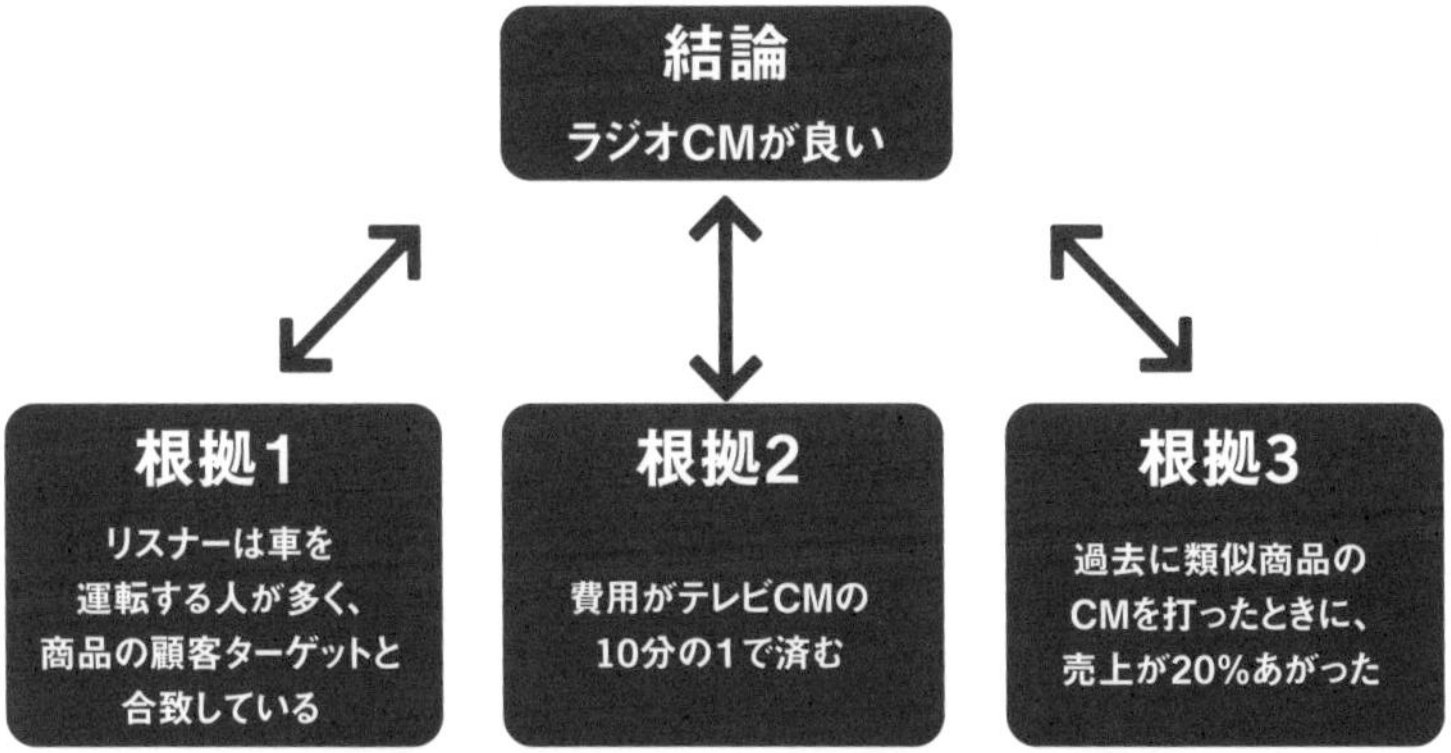
結論
ラジオCMが良い
根拠1
リスナーは車を運転する人が多く、商品の顧客ターゲットと合致している
根拠2
費用がテレビCMの10分の1で済む
根拠3
過去に類似商品のCMを打ったときに、売上が20%あがった

2. 解説型　事実と判断基準を示し、一つの根拠を導き出す。もちろん、結論は先に述べる

例：課題「当社もライバル他社同様に、チョコレート商品の値上げを実施すべきか」

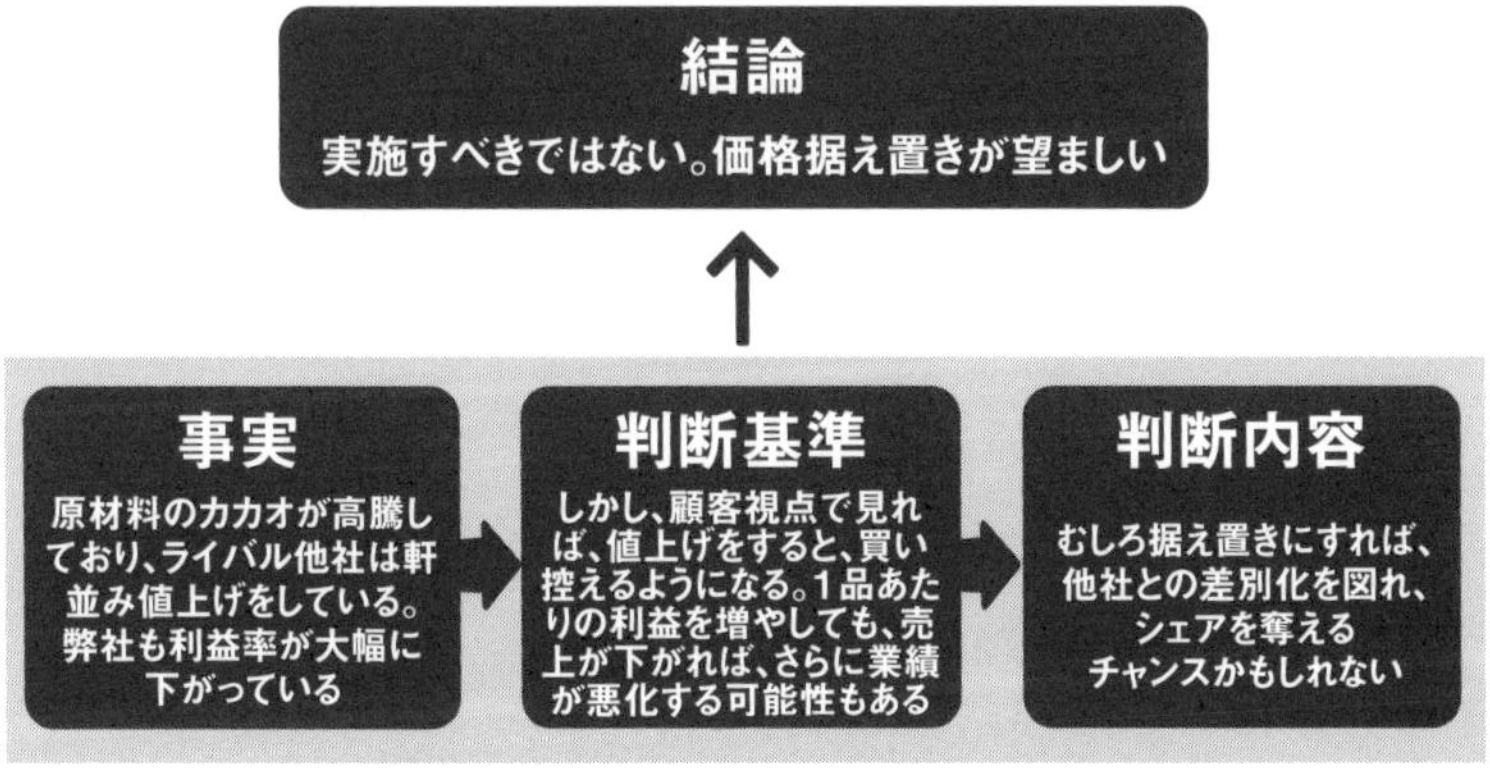
結論
実施すべきではない。価格据え置きが望ましい
事実
原材料のカカオが高騰しており、ライバル他社は軒並み値上げをしている。弊社も利益率が大幅に下がっている
判断基準
しかし、顧客視点で見れば、値上げをすると、買い控えるようになる。1品あたりの利益を増やしても、売上が下がれば、さらに業績が悪化する可能性もある
判断内容
むしろ据え置きにすれば、他社との差別化を図れ、シェアを奪えるチャンスかもしれない

コラム

「あそこにあって、うちにない」は?でイノベーションのタネを探そう

今では当たり前になった宅配便ですが、実は牛丼の吉野家がヒントになっていることをご存知でしょうか?

生みの親であるヤマト運輸では、かつては他の運輸会社同様、商業貨物をメインにして幅広く運輸業を手がけていました。

しかし、あるとき創業者の小倉昌男氏は吉野家が豊富だったメニューを「牛丼1本に絞った」という新聞記事を見ました。吉野家の狙いは、単品にすれば素早く質の高い料理が提供でき、オペレーションもシンプル、人件費を抑えつつ質の高さを維持できるため、売上・利益が伸びるというものでした。

これにピンときたヤマト運輸は、1976年に商業貨物を一切やめて小口の家庭向け宅配便に特化し、事業をリスタートさせて大成功。厳しい規制のある許認可事業の中で新たな市場を開拓し、今や日本を代表する企業です。

異業種のアイデアを自らの事業に活かす「情報変換力」は、問題解決のツールになります。コツは「異業種の成功事例にあって自社にないものは?」の視点。繰り返しますが目の前の自分の仕事をしっかりこなしつつ、この視点を持つことを習慣づけましょう。

第8章

おさらい・社会人なら当然のビジネスマナー

8-01 人はやっぱり見た目が大事

もう一度会いたいと思われる身だしなみ

迷ったら周囲の服装をマネてみよう

社会人は第一印象が大切です。「なんだかだらしがない」「不潔そうだ」……。そんな相手にわざわざ仕事を頼んだり、モノやサービスを買ったりする気はしないものです。そうならないために、常に身だしなみに気を配る必要があるわけです。

新たな環境に飛び込むのなら、改めてこの原則を思い出しましょう。具体的には**清潔感を心がけること**です。ジャケットやシャツにシワが入っていないか、汚れていないか。髪は伸びすぎていないか、寝癖はないかなどチェックします。ときどき「スーツなど堅めの服なら問題ない」と勘違いする方がいますが、スーツがヨレヨレでは意味がありません。

また「これまでスーツスタイルだったが、転職先がカジュアルで、何を着るか悩む……」という場合は、他の同僚のスタイルを真似るのが無難です。**オフィスファッションにも社風のように「その企業らしさ」がある**からです。同僚から見ても「自分と似たファッションなら似た感覚の人かな」と感じてもらえ、身内として認めてもらいやすくなります。

好印象を与えるには
シンプルさと清潔感

身だしなみチェックポイント	Yes
スーツやシャツにシワは入っていないか	○
サイズは大きすぎたり、キツすぎたりしないか	
髪型は清潔か。伸びすぎていないか	
化粧やヘアカラーやアクセサリーは仕事や会社の雰囲気にあっているか	
靴は磨いてあるか。靴底は減りすぎていないか	
カバンはビジネス向きか	
爪は汚れていないか	

上司や客が嫌うのは会社の雰囲気にそぐわない華美なファッションや不潔さ。逆に会社の空気を読んだ身だしなみができている人は、仕事ができそうな印象を持たれる。カジュアルでも基本は同じ

8-02 会社を訪問するときの注意点とは？

乗換案内アプリや地図アプリで事前に調査

5分前に客先に入るように時間調整する

当然のことですが会社でも個人宅でも、訪問の際は必ず事前にアポイントを取ります。そのときは**直前ではなく、1週間くらいの余裕をもって取りましょう。**電話でアポを取った場合はあとで日にちと曜日と時間などを記した確認メールを送ると、お互い勘違いを防げます。

初めての訪問先なら、事前に乗換案内アプリで相手先までの行き方や所要時間を調べておきましょう。スマホの地図アプリで訪問先周辺の風景を見ておくと迷いにくくなります。

当日は、15分くらい前には到着することを目安に出発します。**遅刻は厳禁ですが、電車の遅延などやむをえぬ事情で遅れる場合は、電話でできるだけ速やかにその旨を伝えます。**

予定より早く着くこともありますが、約束の時間よりも早く訪ねることは担当者の時間を奪うので避けます。5分程度前に入るのが理想ですので、会社の前などで時間調整をします。その間、コートを脱いだり、身だしなみをチェック。コロナウイルス対策のマスクや消毒も忘れずに。時間になったら受付に向かいましょう。

失敗しないための
訪問日当日のステップ

出発前

地図アプリで訪問先の場所を再度確認。乗換案内アプリで、交通機関の遅れがないかもチェック

15分前に到着

ロビーやビルの前でコートを脱いだり、話す内容を復習したり、アポイント先の担当者の名前を確認したり、訪問時間が来るまでを準備に費やす

5分前

受付に行って、自分の会社名と名前を名乗り、アポイント先の部署名と担当者の名前を言って、とりついでもらう

外出する直前に電話がかかってくるなどはよくあること。また、電車の遅延もよくあるので、余裕をもって出発する

8-03 名刺交換の順番を間違えない

「目下の人」から「目上の人」に渡すのが基本

―― 機会が減っただけに忘れがちなビジネスマナー

ビジネスに欠かせない名刺交換。ただしリモートワークが増えた昨今、かつてより名刺を渡す機会も減ってきました。それだけに、いざ名刺交換の段で「誰から渡せばいいいんだっけ？」と悩む方もいそうです。ここで基本をしっかりとマスターしておきましょう。

まず覚えておきたいのは、テーブル越しの名刺交換は失礼にあたること。必ず相手のところにまで行って名刺を交換します。**一対一の場合は「目下の人から目上の人」に渡すのが基本。**年齢や地位ではなく「仕事を発注する方（目上）」、「訪問された側（目上）」など、**交換相手との相対的な立場によって目上と目下が変わることを意識しましょう。**

名刺交換するときには両手で名刺を差し出し「○○と申します。よろしくお願いいたします」と言ってお辞儀をします。名刺を受け取るときには、「頂戴します」と言って両手で名刺を受け取り、名前を確認します。もし珍しい名前で聞き取れなかったり、読めなかったりした場合は、この段階でどう読むのか尋ねましょう。雑談の糸口にもなります。

名刺交換の順序

複数の人がいる場合は、どのような順番で名刺交換すればいいのだろうか。また、いただいた名刺は、どうすればいいのだろうか？

名刺交換の順序

複数人いる場合は、地位が高い人から順に名刺交換をする

名刺交換の実際

目下の人から目上の人、訪問した側から訪問された側に先に名刺を渡す。両手で名刺を差し出す

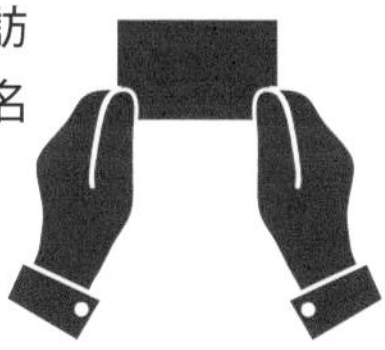

名刺の置き場所

席に戻ったらテーブルの上に名刺を置く。複数人がいるときには、席順に沿って名刺を並べる。こうすることで、相手の名前を間違えずにすむ

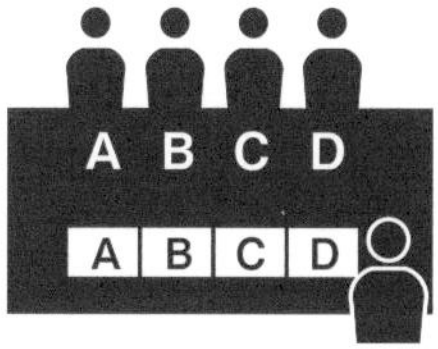

8-04 乗り物にも席次がある

タクシーとお客様の車では上席が変わる

タクシーの手配が必要なときは率先して動こう

中途入社でも1年目は新入社員。タクシーを手配する必要があれば、率先して引き受けましょう。流しのタクシーを拾う場合は道路際で手をあげます。電話で呼び出す場合は、到着まで何分くらいかかるのかも確認。長くかかるなら上司やお客様には室内などで待ってもらいましょう。タクシーのアプリも出てきたので、それを使ってもいいでしょう。

タクシーが来たら、勝手に乗り込んではいけません。タクシーにも席次があるからです。**「上席」は運転手の後ろの席**なので、扉が開いたら、お客様や上司が奥の席になるように「どうぞ」と先に乗ってもらいましょう。ただし、高齢者など奥に乗るのは大変な場合は、乗り降りしやすいように最後に乗ったほうがいいのかたずねましょう。「末席」は助手席です。行き先を指示したり、料金を支払ったりなど、雑務に便利な場所だからです。

ちなみに上司やお客様が運転している車の上席は助手席になります。勘違いして助手席に座らないように注意しましょう。この場合の末席は、後部座席の真ん中になります。

タクシー、電車、飛行機の席次とは

車の場合 タクシーなど運転手がいる場合の上席は運転手の後ろ。
上司やお客様が運転する場合の上席は助手席

運転手がいるとき
①③②
運転席
④
助手席
上司が運転しているとき
②④③
運転席
①
助手席

列車の場合 列車では、4人がけでも6人がけでも、進行方向の窓際の席が上席

4人がけの席
進行方向
①
③
②
④
6人がけの席
進行方向
①
⑤
③
②
⑥
④

飛行機の場合 窓側が上席。3人がけなら動きにくい真ん中が末席

①
③
②

電車、飛行機など、あらゆる乗り物に席次がある。共通ルールは、上司やお客様に座っていただく上席は窓際。それさえ覚えておけば、大きな間違いはしないですむ

8-05 手土産のスマートな渡し方を覚えよう

床に置かない、訪問先の近所で買わない

ポイントは文字の方向。テーブルの上で反転させてから相手に渡す

「新規の取引」「地方の客先に出向くとき」「お詫び」など手土産を持っていく機会は意外と少なくありません。せっかくならスマートに渡したいものです。手土産を選ぶポイントは「人数分あること」「賞味期限が比較的長いこと」「個包装してあること」の三つです。一方、選んではいけない手土産は、お客様のライバル社の商品、それに客先の近所の店で購入した商品です。**手土産を渡すタイミングは、商談が終わった後**です。それまでは、椅子の下座側に置きます。床に置いてはいけません。

手土産を渡す時には、袋から出して、文字が読めるように自分の前に置き、その後、「お口に合えば幸いです」などと言いながら反転させて渡します。上司がいる場合は上司が渡します。仮に立ったまま渡さなくてはいけない場合は、「袋のままで失礼いたします」と一声添えます。不在の場合は、名刺を添えて受付などに預けます。

手土産選びのチェックポイント
（食品の場合）

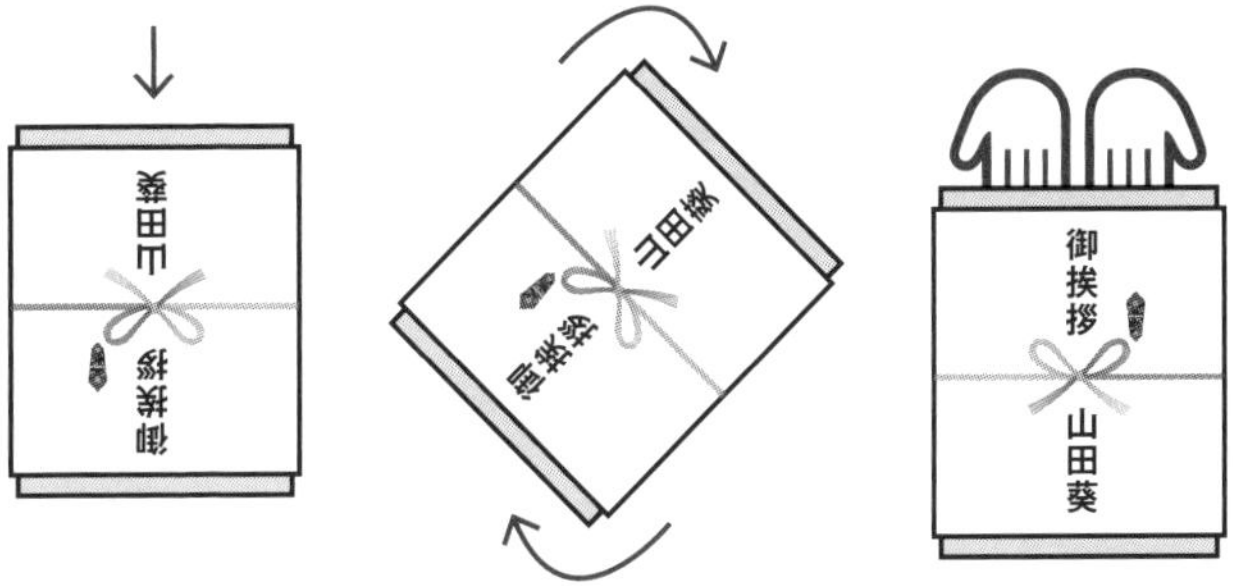

袋から出したら、自分が文字を読める方向でテーブルの上に置く

土産にまつわるエピソードなどを語りながら反転させる

相手が文字を読める方向になったら、手土産を差し出す

ポイント	理由
人数分あること	もらえない人が出るのは失礼。人数がわからなければ多めに用意する
個包装であること	配りやすさへの配慮
賞味期限が長いこと	出張などで、当日不在だった人も、後日、安心して食べていただくための配慮もする
ライバル社の製品ではないことを確認	思わぬ店が、思わぬ会社のグループということはよくある。ホームページなどで事前にチェックしておこう
相手先の近所の店での購入はNG	いかにも用意するのを忘れて、あわてて買ったというイメージをもたれてしまう

8-06 敬語を使えばそれでOK？

表面的な丁寧さはバレる。相手に敬意を払う

間違って覚えている敬語をチェック

社会人生活のなかで日常的に使っている「敬語」。自分では完璧だと思っていても、案外、間違って覚えていることもあります。ここでおさらいしておきましょう。

敬語には大きく分けて、相手を敬う「尊敬語」と、自分がへりくだることで敬意を表す「謙譲語」、丁寧に言う「丁寧語」の三つがあります。時々、自分に尊敬語を使って自分を敬ってしまったり、相手に謙譲語を使って相手をへりくだらせたりしている人がいるので、気をつけましょう。

ただし、「間違ってはいけない！」とガチガチになっていると、何も話せなくなります。**多少間違えたとしても、相手にちゃんと敬意を持って話していれば、相手も温かく見てくれる**ものです。

逆に、正しい敬語を使っていても、態度やふるまいに敬意が感じられないと「慇懃無礼だ」と怒らせることがありますので、要注意です。

尊敬語・謙譲語・丁寧語を使いこなす！

尊敬語とは？

相手の動作や状態などを直接敬う言葉。「お話しになる」「ご覧になる」など、「お（ご）＋動作＋なる」の形にしたり、「いらっしゃる」のように別の表現に変える

謙譲語とは？

自分や身内をへりくだって表現し、相手を立てることで敬意を表する言葉。「ご説明する」など、「お（ご）＋動作＋する」の形にしたり、「うかがう」のように別の言葉に変える

丁寧語とは？

言葉の頭に「お」「ご」をつけたり、「です」「ございます」をつけたりして、丁寧な表現にした言葉

尊敬語、謙譲語の例

	尊敬語	謙譲語
言う	おっしゃる	申す、申し上げる
行く	いらっしゃる、おいでになる	伺う、まいる
来る	みえる、お越しになる	まいる
いる	いらっしゃる	おる
伝える	お伝えになる	申し伝える
会う	お会いになる	お目にかかる
見る	ご覧になる	拝見する
聞く	お聞きになる	伺う
与える	くださる	差し上げる
食べる	召し上がる	いただく
する	なさる	いたす、させていただく
帰る	お帰りになる	失礼する、おいとまする

社会人になったら使いこなしたい 丁寧語

普通の言葉	丁寧な表現
すみませんが	恐れ入りますが、お手数（ご面倒）をおかけ致しますが
わかりました	承知しました、かしこまりました
わかりません	存じ上げません、わかりかねます
できません	いたしかねます、ご希望にそいかねます
知っていますか？	ご存知ですか？
どうしますか？	いかがなさいますか？
どうしましょうか？	いかがいたしましょうか？
誰ですか？	どちら様でしょうか？
席にいません（社内にはいるが）	席を外しております
いま行きます	ただいままいります
来てもらえますか？	ご足労いただけますか？、お越しいただけますか？
よかったら	差し支えなかったら
今回はやめておきます	今回は遠慮させていただきます
やめてください	ご遠慮願います
何の用ですか	どのようなご用件でしょうか？

丁寧な表現を覚えておくと、上司や先輩、お客様と話すとき、上品な印象になる。また、断る場合など、言いにくいことを伝えるときに、クッションのような役目を果たし、角が立ちにくくなる。せっせと使って、自然と口から出てくるようにしよう

ここでチェック! 間違えやすい NG敬語集

× 「そちらの資料を拝見していただけますか」
○ 「そちらの資料をご覧いただけますか」
× 「先日、鈴木さんが申し上げていました」
○ 「先日、鈴木さんがおっしゃっていました」

「拝見する」「申し上げる」は謙譲語であり、相手には使ってはいけない

× 「打ち合わせの件、了解しました」
○ 「打ち合わせの件、承知しました」

「了解しました」は丁寧な言葉のようにも思えるが、
実は、目上の人に対しては使ってはいけない言葉

× 「よろしければ、ご覧になられますか?」
○ 「よろしければ、ご覧になりますか?」

「ご覧になられます」は、「ご」と「られる」を同時に使う、
いわゆる「二重敬語」。過剰な敬語は、慇懃無礼な印象を与える

× 「私的には良いと思います」
○ 「私は良いと思います」

「○○的には」は、友人同士だけで使っていいカジュアルな表現

× 「お見積書のほうをいただけますでしょうか」
○ 「お見積書をいただけますでしょうか」

丁寧だと思うのか、「ほう」をつける人がよくいるが、必要ない

**一見正しいようで、
実は間違っている敬語の誤用例を集めた。ご注意を**

8-07 来客があったときの対応は？

誰のお客様でも丁寧に迎える

来客への対応を担当者に確認する

入社したてだと、誰が誰だかわからず不安でしょうが、オフィスで来客に気づいたら、まず「いらっしゃいませ」と声をかけ、誰を訪ねてきたのか伺いましょう。アポイントの有無、来客の会社名、名前を確認して、担当者に連絡して指示に従います。**アポイントがなくても、大切なお客様である可能性もあります。誰に対しても丁寧な応対を心がけましょう。**

まずは手の消毒などを促すのがウィズ・コロナ時代のマナー。そして応接室や会議室などに案内する場合は、お客様の少し前を歩いて誘導します。部屋の前についたら、「空室」と札がかかっていても、中で軽い打ち合わせなどをしている場合があるので、再確認のために扉をノックします。確認したら、お客様が入りやすいように扉を押さえます。お客様の妨げにならない位置で扉を押さえるために、外開きの場合はお客様を先に入れ、内開きのときには自分が先に入ります。部屋に入ったら、「こちらにおかけになってお待ちください」とソファや会議テーブルなどの上席を勧めましょう。

お客様は個人の客ではなく会社の客

会社にやってくるお客様は、「誰々さんのお客様」ではなく、会社のお客様、つまり自分にとっても大切なお客様だ。来客を見かけたら、必ず席を立ち「いらっしゃいませ」と声をかける

8-08

エレベーターに乗るのは先か後か

エレベーターにもマナーがある

上司と乗るときも気を抜かずに

エレベーターにも様々なマナーがあります。現在はコロナウイルス対策で変則的ですが、コロナ後も見据えて改めて基本を確認しておきましょう。

まず、お客様と一緒にエレベーターに乗るときのマナーを左図にまとめました。エレベーターホールまでお客様を送るときには、新人が率先してエレベーターの呼び出しボタンを押しましょう。エレベーターにお客様が乗ったら、「ありがとうございました」とお礼を言い、エレベーターの扉が閉まるまでお辞儀をします。自分が送られる立場のときには、新人は操作パネルの前に立ち、行き先階ボタンを押し、やはり扉が閉まるまでお辞儀しましょう。

エレベーターホールで上司に会ったら、「お先にどうぞ」と先に乗っていただきましょう。自分は後から乗り、末席の操作パネルの前に立ちます。**親しい同僚と一緒でも、エレベーター内でのおしゃべりは禁物**です。お客様も利用しますし、会話の内容によっては情報漏えいにつながります。久しぶりの同僚と出くわしても、軽い会釈程度にとどめましょう。

お客様と一緒に
エレベーターに乗るときのルール

受付まで迎えに行ったり、違うフロアの応接室に案内したりする際など、お客様と一緒にエレベーターに乗るときは、どんなことに気をつければいいのだろうか？

エレベーターに乗る順番

エレベーター内に誰もいないときは、
扉を開けておくために自分が先

エレベーター内に人がいたときは、
その人が扉を開けているのでお客様が先

エレベーターの席次

末席は操作パネルの前、
上席は操作パネルの後ろ

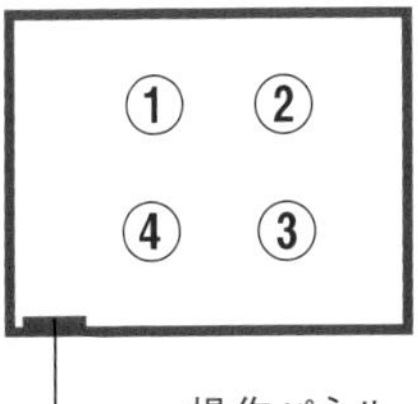

エレベーターを降りる順番

お客様のためにドアを開けておくため、自分が後。ただし狭い場合や混雑時はドア近くの人から速やかに降りる

コラム

取引先を訪ねたとき、着ていたコートは、どうする？

冬場の打ち合わせや営業先回りで気を抜かないでおきたいのが「着ていたコートの扱い方」です。外で着ていたコートをそのまま脱がずに室内に入るのは、コートの表地についたよごれ・ホコリを客先に持ち込むようなもの。マナー違反になります。ウィズ・コロナの今はなおさらでしょう。

コートは必ず訪問先のオフィスに入る前に、脱いでおきましょう。建物に入る前に脱いで、手に持っておくのがベスト。ただ何社も入っているようなオフィスビルの場合は、受付前やフロアロビーで、他の邪魔にならないように端のほうで脱いでもOKです。

脱いだコートは、コンパクトにまとめて手に持ちます。このとき、コートの裏地が表に出るように裏返して畳むと、よりスマートです。というのも、先に述べたとおり、コートはもともと外のホコリや花粉などを寄せ付けないように着る服です。表地をそのまま持ち歩くのは、ホコリを持ち運んでいるような状態になるからです。持ち込んだコートは、応接室などのハンガーがあれば、そこにかけます。ない場合は椅子に置きます。このときコートを裏返していれば、椅子を汚すこともなくスマートに置けるわけです。

第9章

ポストコロナ時代の新しい働き方の対応

9-01 Web会議は「音」に配慮を

雑音を減らし、聞こえにくさを補う

リアクションは大きく。画面共有機能を活用

新型コロナウイルスの感染拡大によって余儀なくされた在宅勤務。その結果、Web会議が日常的になりました。改めてWeb会議の基本的なマナーを押さえましょう。

Web会議は、オフラインより「音声が聞こえにくい」という弱点があります。参加者一人ひとりが雑音を減らしたり、聞こえにくさを補ったり、と工夫することが重要です。

まずは環境を整えること。できるだけ騒音の少ない部屋でおこないましょう。ヘッドセットを使ったほうが、声が聞き取りやすいですし、こちらの声もクリアに届けられます。

会議中は複数の人が同時に話すと聞こえづらいので、自分が話すとき以外はマイクをミュートに。聞いていることがわかるよう、うなずきなどのリアクションは大きめに取ります。

自分が発言するときは、相手が聞き取りづらいことを念頭に入れて、ゆっくり話すことを心がけましょう。自分の伝えたいことをワードやパワーポイントに書いて、画面上で共有するなどの工夫を加えると、伝わりやすくなります。

Web会議の
スタンダードな作法

自分が話していないときは
マイクをミュートに

雑音が入ると、他の人の話が聞き取りづらくなる

リアクションは
大きめに取る

うなずく仕草を大きめにすると、聞いているかわかる

自分が発言するときは
手を挙げる

挙手すると誰が話し始めたのかがわかる。最初に名乗るのも良い

伝えたいことを書いて
画面に映す

口頭だけで説明するときと比べて伝わりやすくなる

部屋を見せないための背景も、派手すぎると「雑音」に感じることがある。ビジネスでは、落ち着いたものを選んだほうが無難

9-02 Web会議の遅刻に注意

オフライン以上に悪い印象を与える

Web会議はたくさん予定を詰め込みがち

毎日のようにWeb会議をおこなっていると、だんだんと油断が生じてきます。そのときに気をつけたいのは「遅刻」です。

オフラインの会議の場合は、電車の遅延のような外部要因で遅刻することもありますが、**Web会議は自宅やオフィスにいますから、遅刻するのは単に「だらしない」だけ**。何度も遅刻すると、入社早々「ルーズな性格」「他人の時間を奪っている」というレッテルを貼られます。5分前にはPCの前でスタンバイしましょう。

Web会議で遅刻する原因は、たくさん予定を入れがちなこともあります。「来てもらうわけではないから負担は少ないだろう」と気軽にオファーされやすいので、数が増えるのは仕方ないのですが、前の会議が押して、次の会議に遅刻したら、迷惑がかかります。会議の予定が詰まっているときは、冒頭で次の予定があることを伝えて終了時間になったらきちんと退出しましょう。あらかじめ延長を見越してゆったり予定を組むのも手です。

Web会議の「遅刻」でイメージダウン

オフライン会議で遅刻した場合

申し訳ございません。電車が遅れてしまって……
遅刻の連絡もあったし、仕方ないか

オンライン会議で遅刻した場合

すみません。遅れました……
自宅にいるのになぜ遅刻するのか。だらしないな……

オフラインでもオンラインでも遅刻の印象は悪いが、オンラインのほうが遅刻せざるを得ない要因が少ないので、だらしない印象を与える。在宅勤務はオンオフの区別がつきにくいので油断して会議を忘れがちだ。気をつけよう!

9-03 Web会議の進行役になったら

議題や資料は必ず事前に共有する

入社してしばらく経つと、Web会議の進行役を任されることもあるかと思います。スムーズに進めるためには、以下のことを徹底しましょう。

必ずおこないたいのは、事前にその会議の議題や関連資料を、参加者に送ることです。そうしないと、会議中にようやく議題について考えることになったり、資料を読んだりすることになり、話し合う時間が少なくなってしまいます。これは時間のムダです。

終了時間を最初にはっきり決めることも重要です。Web会議は会議室を取るわけではないので、ダラダラとできてしまいます。終了時間をきちんと決めることで、参加者たちも「何時までに何を決めなければ」と効率的に進める意識を持てるようになります。

特定の人だけが話し続ける状況をつくらない

また、Web会議は、控え目な人にとってはオフラインの会議以上に発言がしにくく、特定の人だけが話している状況になりがちです。すべての参加者から意見を引き出すためには、進行役が「〇〇さんはどう思われますか?」と発言が少ない人に話を振りましょう。

Web会議の進行役がすべきこととは？

議題や資料は事前に共有

今日の議題
資料

会議前に議題について考えられるし、資料にも目を通せて効率的

終わりの時間を決める

会議時間は30分。
16:30に終わります!

短めに設定するとより効率的に

発言していない人に話を振る

Aさんはいかがですか?

一人がずっと話し続ける状況を防ぐ

進行役が終了処理をする

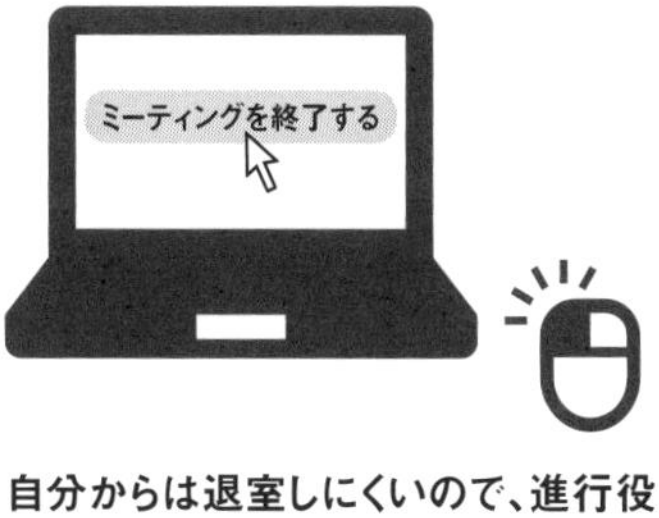
ミーティングを終了する

自分からは退室しにくいので、進行役が終了処理をする

Web会議が充実した時間になるかどうかは、進行役次第で決まる!

9-04 テレワークのストレス、どう解消？

困ったらこまめに相談を。雑談の提案も

―― 行動案を考えた上で相談すれば、相手の負担は少ない

テレワークは通勤のストレスを減らす効果がある一方、新たなストレスを生む面もあります。リサーチ会社のイードの調査によると「テレワークで困ること・不便なこと」の最多回答は「対面で話せないので十分なやりとりができない（31・9％）」でした。

事務的なやり取りはメールやチャットなどでおこなえますが、相談や雑談は相手の忙しさの状況がわからないテレワークではおこないにくいものです。これらが減ったことで、**悩みの解消や気晴らしができなくなり、ストレスを抱える人が少なくない**ようです。

ストレスを溜め込まないために、困ったことがあったら我慢せず、上司や同僚にこまめに相談しましょう。「どうしたらいいでしょうか？」といちから指示を仰ぐのではなく、「こうしようと思うのですが、どうでしょうか？」と**行動案を考えて相談すれば、相手も答えやすく、大きな負担はかかりません**。またWeb会議で「今日のランチを発表する」や「休日の過ごし方を話す」など、雑談の時間を設けることを提案しても良いでしょう。

テレワークの悩みは
コミュニケーション

テレワークで困ること・不便なこと

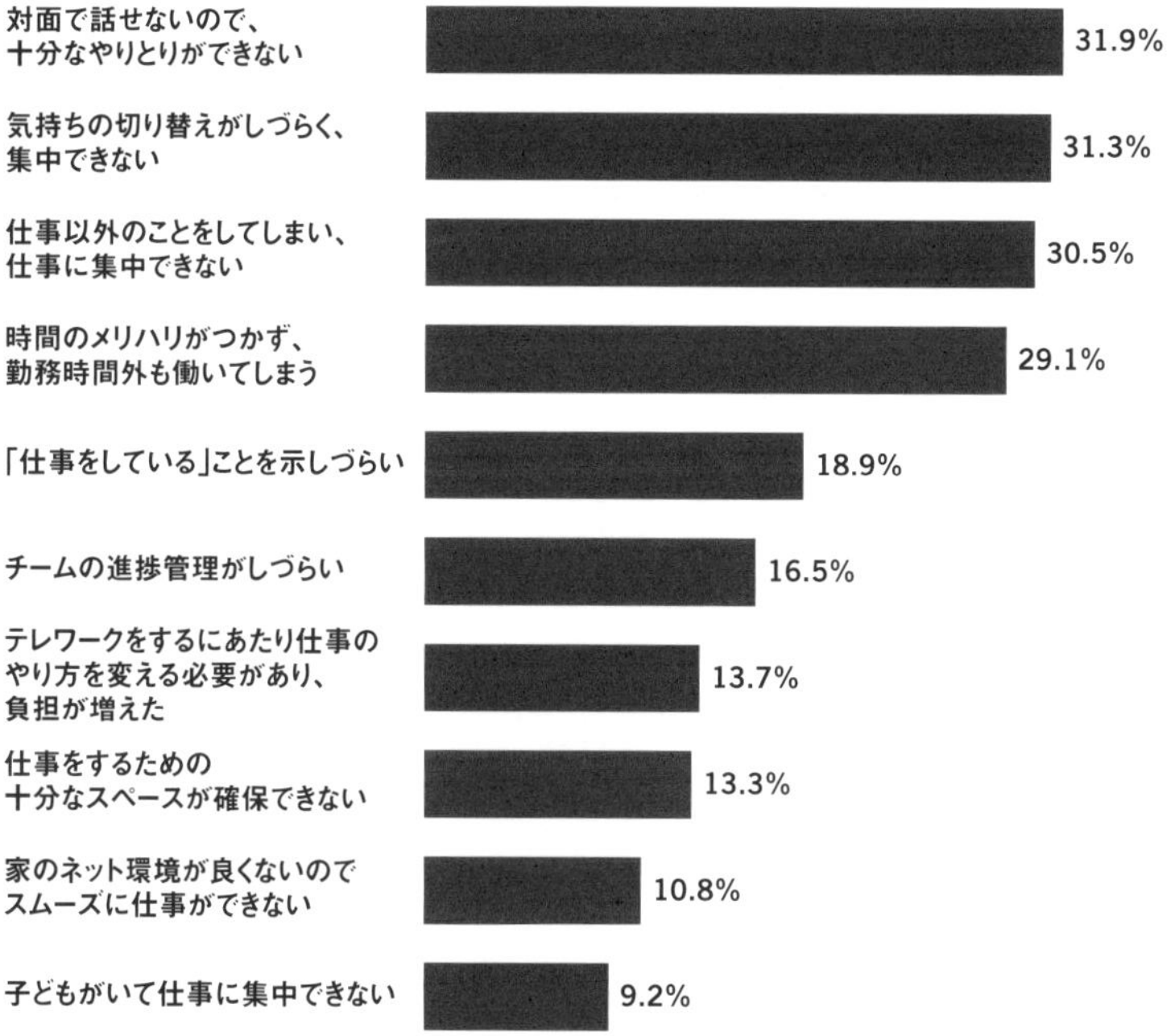

対面で話せないので、十分なやりとりができない
31.9%
気持ちの切り替えがしづらく、集中できない
31.3%
仕事以外のことをしてしまい、仕事に集中できない
30.5%
時間のメリハリがつかず、勤務時間外も働いてしまう
29.1%
「仕事をしている」ことを示しづらい
18.9%
チームの進捗管理がしづらい
16.5%
テレワークをするにあたり仕事のやり方を変える必要があり、負担が増えた
13.7%
仕事をするための十分なスペースが確保できない
13.3%
家のネット環境が良くないのでスムーズに仕事ができない
10.8%
子どもがいて仕事に集中できない
9.2%

イード「テレワークに関する調査」（2020年4月）より。20-59歳の男女・有職者に調査。有効回答数6082。複数回答。

「対面で話せない」ことに加えて、「仕事に集中できない」「メリハリがつけにくい」といった悩みを抱えている人も多い

コラム

在宅勤務でも
仕事の能率を上げるには？

在宅勤務になってから、仕事の能率が上がらない……。そう感じている人は少なくないでしょう。前ページのアンケートでも、そのような回答が上位を占めていました。

仕事の能率を上げるポイントをいくつか挙げてみたので、ぜひ参考にしてください。

- 自宅にいるからといって時間の区切りなく仕事をしない。「出勤時間」を設定して、そのなかで、仕事のスケジュールを組む
- 1時間働いたら10分休む、というように、小刻みに休憩を入れる
- ストップウォッチで仕事の時間を測って管理する
- 通勤がない分、運動する機会が減るので、休憩中に運動をする
- SNSを頻繁に見ない。見て良い時間帯を決める
- 整理整頓をして、仕事スペースにプライベートのものを置かない
- 人間工学に基づいた、座り心地の良いイスを購入する

第10章

2年目以降に求められること

10-01 「自分が社長だったら……」を徹底しよう

社内の経営資源を使って
できることを考える

どうして経営者意識を身につける必要があるのか

一人前のビジネスパーソンとして、身につけておきたいのが「経営者意識」です。一般に経営者意識を持つ社員が大勢いる企業は、コスト意識が高い上に、足の引っ張り合いなど経営効率の悪化につながることはしないので企業体質は強くなります。だから経営者意識を身につけることが奨励されるのです。**経営者意識が身に着く効果的な方法は、常に「自分が社長だったら……」と仮定して考えるクセをつけること**です。

もちろん人間は知らないことは考えられません。まずは自分の部署など具体的な経営資源を理解している範囲をひとつの会社とみなして考えることから実践を。ちなみに経営資源とは、「ヒト、モノ、カネ」のこと、そこに「情報」を加えることもあります。

このような自社の経営資源を使ったら何ができそうか。どんな市場に参入できそうか。どんなビジネスモデルを組み立てれば仕事を創出でき、また稼げるのかを検討してみます。このような社長発想の訓練を繰り返すことで、経営者意識は磨かれていきます。

新市場を探す練習をしよう

新市場の発見

新市場を探すヒントは「困った」「不便」の発見にある

☑ テレビ、新聞、雑誌などで誰かの「困った」を見つけたとき

☑ 仕事をしているときに、「不便」や「非効率」を感じたとき

☑ 取引先から相談を受けたときなど

使える経営資源

発見した市場を所属部署の経営資源で解決できそうか検証

☑ ヒト（所属部門のスタッフ）

☑ モノ（所属部門のオフィスや備品など）

☑ カネ（所属部門の予算）

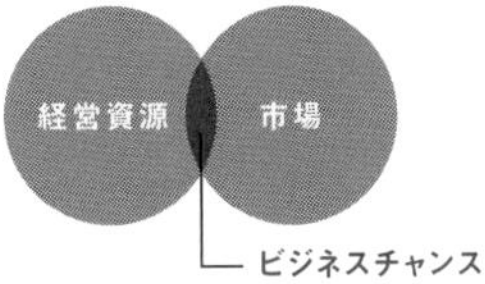

ビジネスモデルの組み立て

どのような仕組みが新しい仕事を創出し、稼げるのかを検証

☑ 組み合わせるビジネスモデルを検討

☑ どう稼ぐのか検討

どんな市場もいつかは消える。消える前に、新しい市場にスムーズにシフトさせるのも社長の役目。自分がかかわっている部署や商売にどんな可能性があるのか考えてみよう

10-02

自分の強みを持とう、知ろう

見つけた強みをしっかり磨く

強みは他人が決めるもの

どの仕事もまんべんなくダントツにできるプロフェッショナル会社員は理想の姿ですが、普通はそんなことは無理でしょう。社会人経験が長くなるにつれて、改めて、苦手な仕事がたくさんあると気づきますが、がっかりすることはありません。それがスタンダードだからです。

ただ、ひとつおすすめしたいのは、ひとつだけでかまわないので「この仕事なら○○さん」と言われるような技を作ることです。会計処理でも、接客でも、営業でも何でもかまいません。得意技を持てば社内での知名度は上がり、新しいプロジェクトなどに抜擢されるチャンスが増えるはずです。**２年目以降から、少しずつでいいので、得意な仕事に磨きをかけることを意識してみましょう。**得意な仕事がわからなくても心配ありません。そもそも得意な仕事は自分が決めるものではなく、人が決めるものだからです。「もうできたの?」「そこまでやったの?」「さすが、△社出身者!」など、ほめられたり驚かれたりした仕事は得意技の候補。さっそく磨きをかけてみましょう。

まずは磨くべき仕事を探そう!

磨くべき仕事の探し方

上司や取引先にほめられた

人にほめられた仕事は、
磨くべき仕事の有力候補

先輩や上司に聞いてみる

自分に何が向いているのか
人に聞いてみるのもひとつの手

好きな仕事に邁進する

好きなことは努力を継続できるので
花咲く可能性はある

自分では得意だと思っていても、他人からはごく普通のレベルにしか見えないことはよくあることだ。自分の好みに固執せず、他人の意見を素直に聞きたい

10-03 部下を持ったときの心構え

相手のレベルに合わせて指導

目標は活躍できる人間に育てること

役職の有無にかかわらず、仕事に慣れるにつれ、指導される立場から指導する立場に変わります。指導を任された時には、優秀な部下はもちろん、できのよくない部下でも絶対に活躍できる人間に育てるという強い心構えで臨むことが大切です。

適切な指導をするためには、相手のレベルを正確に把握することが必要です。例えば、通常1年かかる仕事を半年で覚える優秀な部下なら細かい口出しはNG。ある程度、裁量を持たせて仕事をさせたほうがモチベーションもあがるし、様々な提案もしてくれるはずです。それに対して、仕事を覚えるのに人の何倍もかかる部下の場合は、教えるレベルを下げ、まずは言われた通りの仕事ができることを目標にします。仕事の途中に**指示した手順を守っているかを確認するためのチェックポイントを複数設けるのがよい**でしょう。能力別の部下の指導法のマニュアルはありませんが、部下に対してよりステップアップしてほしいと愛情を持って接すれば、最適な指導法が見えてくるものです。

部下のモチベーションアップ

できる部下もいればできない部下もいる。どのような点に気をつけて指導すれば効果的なのだろうか。また、モチベーションをあげる秘訣はあるのだろうか？

できる部下Aくんの場合

基本の仕事

もう覚えちゃった！
早く新しい仕事を
覚えたいなぁ

↓

細かい指示をしない

仕事の基本的な
手順が頭に入っているので、
いちいち細かい指示をすれば、
逆に非効率になる

↓

効率的な工夫

自分で工夫を
加えたことが認められた

↓

モチベーションアップ！

できない部下Bくんの場合

基本の仕事

全然、覚えられない。
難しい。終わらない

↓

細かい指示をする

そもそも手順通り
仕事をすることが
できていないので、
まずは手順に従うことを覚えさせる

↓

人並みに仕事ができた

みんなと同じように
仕事ができた！

↓

モチベーションアップ！

10-04 真のリーダーシップとは何かを知る

リーダーはイノベーター、マネージャーはイミテーター

―― 未来のビジョンを語り、人々を魅了するのがリーダー

転職や再就職によって、多くの人はキャリアプランの見直しが必要になったことでしょう。そのときに覚えておいてほしいのは、**マネージャーとリーダーは全く違う**ということです。マネージャーの仕事「マネジメント」は分業をうまく機能させるための管理ノウハウです。現状の組織を効率よく運営するために訓練された人と考えてもいいでしょう。

一方、リーダーの仕事は「リーダーシップ」を発揮すること。**会社にとって正しい未来はどこか、とビジョンを指し示して、そこにチームのメンバーを誘導していく力**です。二つの仕事を対比して「イミテーション」と「イノベーション」と表現した学者もいます。現状を最適化するマネジメントと現状を破壊するリーダーシップは、全く正反対の能力とも言えるでしょう。ですからマネジメント能力をいくら磨いても、リーダーシップは磨かれないわけです。リーダーシップを発揮するためには「人間力」「知識や技術」「行動特性」など、別の能力を磨く必要があります。

リーダーシップに関する様々な研究

ウォーレン・ベニスのマネージャーとリーダー
端的で非常にわかりやすい

	マネージャー	リーダー
1	管理する	革新する
2	コピーである	オリジナルである
3	維持する	発展させる
4	システムと構造に焦点を合わせる	人間に焦点を合わせる
5	管理に頼る	信頼を呼び起こす
6	目先のことしか考えない	長期的な視野を持つ
7	「いつ、どのように」に注目	「何を、なぜ?」に注目する
8	数字を追いかける	未来を見据える
9	模倣する	創造する
10	現状を受け入れる	現状に挑戦する
11	優秀な軍人である	その人自身である
12	正しく処理する	正しいことをする

かつては、リーダーシップは持って生まれたものと考えられていた時代もあった。ウォーレン・ベニス、ドラッカー、ジョン・コッターなど様々な専門家がリーダーシップについて研究した

コラム

自分のモノサシを確立する

初めての転職は、同期たちの進路が分かれ始めた頃という人が多いのではないでしょうか。ほんのちょっと出世した人、かねてからの希望の部署に異動した人、海外勤務になった人、あなたのように転職した人、そろそろライバル会社に引き抜かれる人も出てきたかもしれません。新しい環境に移っていく仲間たちは、心なしか生き生きと見えます。あなたも、晴れやかな表情で職場を後にしたのではないでしょうか。

それに対して、仕事や所属部署に変化がない人は、なんだか取り残された気持ちになるものです。同様に、どのような素晴らしい会社に転職しても、どのようなやりがいのある部署に配属されても、長くなれば、焦りを感じる人は少なくありません。焦りを感じるのは、同期や同僚、学生時代の友人などと比較するからです。

そんな焦りや妬みから解放されるためには、まず、目の前の仕事をきちんとやり実力をつける努力をしましょう。実力がつけば自信が出るし、やりたい仕事も見え、自分なりの「モノサシ」が確立されます。すると、他人の動きは気にならなくなり、「焦り」も「妬み」も消えているはずです。

おわりに

新しい環境に飛び出すのは怖くない

入学、就職、留学、異動、転職・再就職をはじめ、多くの人は若い頃は、新しい環境に飛び込んでいくことが楽しくてしょうがなかったのではないでしょうか。だから、親元を離れてわざわざ遠くの大学に入学したり、留学先に日本人がいない学校を選んだりしたわけです。しかし、年齢を経ると、新しい環境に飛び込むことは億劫になるものです。人間関係が良好で仕事も快調、居心地がよければよいほど、その環境にどっぷりつかっていたくなります。

環境変化を体験する機会の減少

現在は新しい環境に飛び込む機会が減っています。

大学生は、親の負担を減らすために地元で進学する傾向が強くなりました。中高一貫校をはじめ大学付属校に通う人も増え、そうした人は進学しても環境はほとんど変わらなくなりました。

企業については異動や転勤がめっきり減っています。新しい仕事をさせると、それだけ効率が下がり、コストがかかるからです。また変化のスピードが速くなり、社員をイチから育てる時間的余裕がなくなってきたことも理由のひとつ。もし新しい技能が必要になれば、それをマスターしている人材を採用したり、一時的ならアウトソーシングすればよいという考えも広がりました。社員についてはジェネラリストが減り、スペシャリスト化がすすんでいます。

――会社を取り巻く環境変化は加速

このように環境が変わらない人がいる反面、会社や仕事を取り巻く環境はどんどん変わっています。競争は世界レベルになり、一流企業でも競争に敗れれば簡単に潰れるし、買収や合併などのリスクにもさらされます。また自動化やデジタル化によって、業界ごと消えていくリスクも高まっています。そうなれば、個々のビジネスパーソンはリストラ、転籍、出向などがいい渡されることになります。

――転職・再就職は変化の時代の練習

厳しい時代の前哨戦で転職・再就職を経験できることは、ある意味、ラッキーだといえるでしょう。転職の第一歩は新しい環境になじむこと。本書では一貫して、それについて触れてきました。

これを読みながら、新人研修、仮配属、本配属、レクリエーション委員、さらには部活や勉強会など、入社したての頃は様々な環境に飛び込んでいったことを思い出した人もいるでしょう。また、自分より年齢が下だったり、学歴が低かったり、資格の等級が下の先輩がマンツーマンになって、接し方に気遣った経験を思い出した人もいるかもしれません。

言いかえれば、新しい環境に溶け込むためのノウハウは、すでに誰でも持っていたのです。ただしばらく使わなかったので、忘れていたのでしょう。転職・再就職をきっかけに、そのノウハウを思い出し、ブラッシュアップしておけば、転職だけではなく、異動、M&Aをはじめ、環境変化に強い体質になるはずです。

これまでは積極的に転職をしてキャリアアップをはかりたいといったモチベーションが高い人、会社を支えることに慣れている人を対象にした本が目立ちました。しかし今後は、様々な理由で転職・再就職せざるを得ない人が増えていくと予想されます。そうした変化を受け、本書の姉妹版ともいえる『図解&事例で学ぶ　入社1年目の教科書』の制作メンバーである俣野成敏氏、カデナクリエイトで転職・再就職者向けの本をつくることになりました。

多くの人が転職先・再就職先でスムーズに溶け込むことに、少しでも本書がお役に立てば幸いです。

索引

参考文献一覧

保野成敏　著『「リストラ予備軍」から「最年少役員」に這い上がった男の仕事術　プロフェッショナルサラリーマン』プレジデント社、２０１１年
保野成敏　著『入社３年目までに知っておきたい　プロフェッショナルの教科書』ＰＨＰ研究所、２０１３年
保野成敏　著『残業しないのに給料が上がる人がやめた33のコト』ＫＡＤＯＫＡＷＡ、２０１５年
保野成敏　著『一流の人は上手にパクる』祥伝社、２０１５年
小川晋平、保野成敏　著『一流の人はなぜそこまで、雑談にこだわるのか？』クロスメディア・パブリッシング、２０１５年
保野成敏、中村将人　著『トップ１％の人だけが知っている「お金の真実」』日本経済新聞出版社、２０１５年
保野成敏　著『会社を辞めて後悔しない39の質問』青春出版社、２０１６年
清和会出版　著『２０１６年度版　社員ハンドブック』清和会出版、２０１６年
現代ビジネスマナー研究会著『図解で完璧！ビジネスマナー羞をかかないための心得』グラフ社、２００８年
カデナクリエイト　著『ビジネスマナーこそ最強の武器である』青春出版社、２０２０年
日本能率協会コンサルティングリモート生産性向上研究会　編『第一線コンサルタントが実践しているテレワーク50のコツ』日本能率協会マネジメントセンター、２０２０年

●監修　保野成敏（またの・なるとし）
ビジネス書著者、投資家、ビジネスオーナー。30歳の時にリストラに遭遇。同時に公募された社内ベンチャー制度で一念発起。年商14億円の企業に育てる。33歳で東証一部上場グループ約130社の中で現役最年少の役員に抜擢、さらには40歳で本社召還、史上最年少の上級顧問に就任。独立後は、フランチャイズ6店舗のビジネスオーナーや投資家としても活動。投資にはマネーリテラシーの向上が不可欠と感じ、その啓蒙活動にも尽力している。自著『プロフェッショナルサラリーマン』が12万部シリーズ、共著『一流の人はなぜそこまで、○○にこだわるのか？』が13万部のシリーズに。近著では『トップ1％の人だけが知っている』（日本経済新聞出版社）のシリーズが12万部となる。自著と共著を交えた異なる3分野でベストセラーシリーズを放ち、著作累計は48万部に。ビジネス誌の掲載実績多数。『MONEY VOICE』等のオンラインメディアにも多数寄稿。『まぐまぐ大賞（MONEY VOICE賞）』を4年連続で受賞している。2020年より、サラリーマン以外の本業をつくるための副業オンラインアカデミー『The Second Phase（TSP）』を創設。数多くのサラリーマンが集っている。

●著者　カデナクリエイト
ビジネス全般、働き方、ライフスタイルなどを得意とする編集プロダクション。『週刊東洋経済』『THE21』『Lightning』『DiscoverJapan』などで執筆中。著書に『課長・部長のための労務管理問題解決の基本』『図解＆事例で学ぶイノベーションの教科書』（ともにマイナビ出版）、『図解即戦力リース業界のしくみとビジネスがこれ1冊でしっかりわかる教科書』（技術評論社）、『ビジネスマナーこそ最強の武器である』（青春出版社）などがある。

転職・再就職　1年目の働き方

2020年10月31日　初版第1刷発行

監　修……保野成敏
著　者……カデナクリエイト
発行者……滝口直樹
発行所……株式会社マイナビ出版
〒101-0003　東京都千代田区一ツ橋2-6-3 一ツ橋ビル2F
電話 0480-38-6872（注文専用ダイヤル）
03-3556-2731（販売部）
03-3556-2735（編集部）
URL　https://book.mynavi.jp/

ブックデザイン…………小口翔平＋三沢稜（tobufune）
DTP…………………富 宗治
編集…………………カデナクリエイト
印刷・製本・中央精版印刷株式会社

※価格はカバーに記載してあります。
※落丁本・乱丁本についてのお問い合わせは、TEL0480-38-6872（注文専用ダイヤル）か、電子メール sas@mynavi.jp までお願いいたします。
※本書について質問等がございましたら、往復はがきまたは返信切手、返信用封筒を同封のうえ、（株）マイナビ出版編集第2部書籍編集1課までお送りください。
お電話でのご質問は受け付けておりません。

ISBN978-4-8399-7481-7